www.ingramcontent.com/pod-product-compliance
Lightning Source LLC
LaVergne TN
LVHW010616070526
838199LV00063BA/5164
9789358725063

چار ائمہ کرام

(مالک، دار قطنی، طبری، غزالی)

مرتب:

ادارہ محدث

© Idara Mohaddis

Chaar Aima Kiraam (Malik, Daraqutni, Tibri, Ghazali)
Edited By: Idara Mohaddis
Edition: February '2024
Publisher :
Taemeer Publications LLC (Michigan, USA / Hyderabad, India)

ISBN 978-93-5872-506-3

مصنف یاناشر کی پیشگی اجازت کے بغیر اس کتاب کا کوئی بھی حصہ کسی بھی شکل میں بشمول ویب سائٹ پر اَپ لوڈنگ کے لیے استعمال نہ کیا جائے۔ نیز اس کتاب پر کسی بھی قسم کے تنازع کو نمٹانے کا اختیار صرف حیدرآباد (تلنگانہ) کی عدلیہ کو ہوگا۔

© ادارہ محدث

کتاب	:	**چار ائمہ کرام** (مالک، دار قطنی، طبری، غزالی)
مرتبہ	:	**ادارہ محدث**
صنف	:	مذہب
ناشر	:	تعمیر پبلی کیشنز (حیدرآباد، انڈیا)
سالِ اشاعت	:	۲۰۲۴ء
صفحات	:	۶۲
سرورق ڈیزائن	:	تعمیر ویب ڈیزائن

فہرست

(۱)	امام مالکؒ (امام دار ہجرت) اور المؤطا	حمید اللہ عبد القادر	6
(۲)	امام دار قطنیؒ کے حالات اور ان کی اہم کتب کا منہج	ابن بشیر حسینوی	25
(۳)	امام طبریؒ اور ان کی کتب حدیث کا منہج	ابن بشیر حسینوی	38
(۴)	امام غزالیؒ شریعت کی عدالت میں	غازی عزیر	54

(۱) امام مالکؒ (امام دار ہجرت) اور المؤطا

حمید اللہ عبد القادر

نام و نسب

مالک نام، کنیت ابو عبد اللہ، امام دار الھجرۃ لقب اور باپ کا نام انس تھا۔ سلسلہ نسب یہ ہے: مالک بن انس بن مالک بن ابی عامر بن عمرو بن الحارث بن غیلان بن حشد بن عمرو بن الحارث (۱)

بلاشک آپ رحمۃ اللہ علیہ دارِ ہجرت (مدینہ منورہ) کے امام، شیخ الاسلام اور کبار ائمہ میں سے ہیں۔ آپ حجاز مقدس میں حدیث اور فقہ کے امام مانے جاتے تھے۔ امام شافعی رحمۃ اللہ علیہ نے ان سے علم حاصل کیا اور امام ابو حنیفہ رحمۃ اللہ علیہ بھی آپ کی مجالس علمی میں شریک ہوتے رہے۔

پیدائش و وفات

آپ ۹۳ھ میں پیدا ہوئے۔ آپ کی تاریخ پیدائش میں مؤرخین نے اختلاف کیا ہے لیکن امام ابو زہرہ کی تحقیق کے مطابق زیادہ صحیح تاریخ پیدائش ۹۳ھ ہے۔ آپ رحمۃ اللہ علیہ کا مقام پیدائش مدینۃ النبی ہی ہے۔ (۲)

آپ رحمۃ اللہ علیہ ۱۷۹ھ میں مدینہ منورہ میں ہی فوت ہوئے، چھیاسی سال کی عمر پائی۔ ۱۱۷ھ میں مسند درس پر قدم رکھا اور باسٹھ برس تک علم و دین کی خدمت انجام دی۔ امام رحمۃ اللہ علیہ کا جسدِ مبارک جنتُ البقیع میں مدفون ہے۔ (۳)

امام مالک رحمۃ اللہ علیہ کا مقام

آپ رحمۃ اللہ علیہ امام المحدثین بھی ہیں اور رئیس الفقہاء بھی (۴)۔۔۔ امام شافعی رحمۃ اللہ علیہ فرمایا کرتے تھے:

إِذَا جَاءَ الأَثَرُ ،فَمَالِكٌ النَّجْمُ (۵) "جب کوئی حدیث امام مالک رحمۃ اللہ علیہ کی روایت سے پہنچے، اسے مضبوطی سے پکڑو کیونکہ وہ علم حدیث کے درخشاں ستارے ہیں۔"

عبدالرحمٰن بن مہدی رحمۃ اللہ علیہ کا قول ہے:

"روئے زمین پر امام مالک سے بڑھ کر حدیثِ نبوی صلی اللہ علیہ وسلم کا کوئی امانت دار نہیں"(٦)

امام نسائی رحمۃ اللہ علیہ نے فرمایا: " ما عندی بعد التابعین انبل من مالك، ولا اجل منه، ولا اوثق ولا آمن على الحديث منه " (٧)

میرے نزدیک تابعین کے بعد امام مالک سے زیادہ دانشور اور حدیث کے معاملے میں زیادہ ثقہ اور امانتدار کوئی نہیں ہے"

امام جلال الدین سیوطی رحمۃ اللہ علیہ فرماتے تھے: " جماع الامة على امانته وورعه وفقهه وانه الثبت فى دين الله (٨)۔۔۔ "امت کا آپ کی امانت، للٰہیت اور فقاہت پر اجماع ہے اور امام مالک اللہ کے دین میں حجت ہیں"

امام شافعی رحمۃ اللہ علیہ کا ارشاد ہے: "امام مالک رحمۃ اللہ علیہ کو جب حدیث کے کسی ٹکڑے میں شک پڑ جاتا تھا تو پوری کی پوری حدیث رد کر دیتے تھے" (۹) امام شافعی رحمۃ اللہ علیہ کا یہ بھی قول ہے: " مالك حجة الله تعالىٰ على خلقه بعد التابعين " (١٠) یعنی تابعین کے بعد امام مالک رحمۃ اللہ علیہ بندوں کے لیے اللہ کی

سب سے بڑی حجت ہیں۔ امام شافعی رحمۃ اللہ علیہ کا یہ بھی فرمان ہے: " من أراد الحديث فهو عيال على مالك " (۱۱) امام مالک رحمۃ اللہ علیہ فرمایا کرتے تھے:"مَا أَفْتَيْتُ حَتَّى شَهِدَ لِي سَبْعُونَ أَنِّي أَهْلٌ لِذَلِكَ " (۱۲) یعنی "میں نے فتویٰ دینا شروع نہیں کیا۔ یہاں تک کہ مدینہ کے ستر فقہانے اس کی شہادت دی کہ میں فتویٰ دے سکتا ہوں۔"

امام ذہبی رحمۃ اللہ علیہ کا بیان ہے کہ "پانچ باتیں جس طرح امام مالک رحمۃ اللہ علیہ کے حق میں جمع ہو گئی ہیں، میرے علم میں کسی اور شخص میں جمع نہیں ہوئیں: (۱) اس قدر دراز عمر اور ایسی عالی سند (۲) آپ کے حجت اور صحیح الروایہ ہونے پر ائمہ کا اتفاق (۳) ایسا عمدہ فہم اور اتنا وسیع علم (۴) آپ کی عدالت، اتباعِ سنت اور دین داری پر محدثین کا اتفاق (۵) فقہ و فتاویٰ میں آپ کی مسلمہ مہارت "(۱۳)

اساتذہ

امام مالک رحمۃ اللہ علیہ کے اساتذہ بہت زیادہ ہیں، ان میں زیادہ معروف نافع مولیٰ ابن عمر، زھری، ابو الزناد، عبد الرحمٰن بن قاسم، ایوب سختیانی اور ثور بن زید وغیرہ ہیں۔ آپ نے صرف موطا میں جن شیوخ سے روایت کی ہے، ان کی تعداد پچانوے ہیں۔ یہ سب اساتذہ مدنی ہیں۔ موطا کے علاوہ باقی اساتذہ کی تعداد نوصد (۹۰۰) ہے۔ (۱۴)

تلامذہ

امام مالک رحمۃ اللہ علیہ سے روایت کرنے والوں کی تعداد بھی بہت زیادہ ہے۔ حافظ ابن کثیر کے مطابق حدث عنه خلق من الائمة (۱۵) "ائمہ میں سے ایک جم غفیر نے آپ سے شرفِ تلمذ کیا" حافظ ذہبی کے مطابق " حدث عنه امم لا يكادون يحصون " (۱۶) یعنی امام صاحب سے اتنے لوگوں نے روایت کی ہے جن کا

شمار تقریباً ناممکن ہے۔ ان سے روایت کرنے والوں کی تعداد تیرہ سو سے زائد بتائی گئی ہے۔(١٧) امام محمد رحمۃ اللہ علیہ، امام شافعی رحمۃ اللہ علیہ اور امام ابو یوسف رحمۃ اللہ علیہ بھی ان کے تلامذہ میں شامل ہیں۔(١٨)

اخلاق وعادات

امام مالک رحمۃ اللہ علیہ آں حضرت صلی اللہ علیہ وسلم کا بے حد ادب کرتے تھے۔ جب نامِ مبارک زبان پر آتا، چہرہ کا رنگ متغیر ہو جاتا(١٩) ابو نعیم رحمۃ اللہ علیہ نے حلية الاولياه میں خود امام مالک سے روایت کی ہے کہ ہارون الرشید نے چاہا کہ موطا کو خانہ کعبہ میں آویزاں کیا جائے اور تمام مسلمانوں کو فقہی احکام میں اس کی پیروی پر مجبور کیا جائے۔ لیکن امام صاحب رحمۃ اللہ علیہ نے جواب دیا:

" لا تفعل فإن أصحاب رسول اللّه صلى اللّه عليه وسلم اختلفوا في الفروع ، وتفرقوا في البلدان ، وكل مصيب فقال : وفقك اللّه يا أبا عبد اللّه "

"ایسانہ کریں!۔۔۔ خود صحابہ رضی اللہ عنہم فروع میں اختلاف کرتے تھے اور وہ ممالک میں پھیل چکے ہیں(٢٠) اور ان میں سے ہر شخص حق پر ہے (یا درست راہ پر ہے) تو ہارون رشید نے کہا کہ: اللہ تعالیٰ آپ کو توفیق عطا فرمائے، اے ابو عبد اللہ!"

امام مالک رحمۃ اللہ علیہ کی بے تعصبی و بے نفسی، بلکہ عالی ظرفی اور رواداری سے ہمیں بھی سبق سیکھنا چاہیے۔

مقامِ عزیمت واستقامت

امام مالک ان اربابِ صدق وصفا میں سے تھے جنہیں کوئی طاقت حق گوئی سے نہیں روک سکتی تھی۔ منصور عباسی کے زمانے میں امام مالک رحمۃ اللہ علیہ نے فتویٰ دیا کہ جبری طلاق (طلاقِ مکرہ) یعنی لیس علی مستکرۃ طلاق واقع نہیں ہوتی۔ گورنرِ مدینہ کو اندیشہ

دامن گیر ہوا کہ اس فتویٰ کی زد، ابو جعفر منصور کی بیعت پر پڑے گی، جس نے جبراً اپنی رعیت سے بیعت لی تھی۔ اس نے امام ممدوح کو دارُالامارات میں طلب کیا اور آپ کی رفعت شان کو بالائے طاق رکھتے ہوئے ستر کوڑے لگوائے، مشکیں اس زور سے کس دی گئیں کہ ہاتھ بازو سے جدا ہو گیا، لیکن اس تکلیف و کرب کے عالم میں آپ اونٹ کی پیٹھ پر کھڑے ہو گئے (جس پر آپ کو تذلیل و تشہیر کے لیے سوار کرایا گیا تھا) اور بلند آواز سے پکارتے بھی جاتے تھے کہ

"جو مجھ کو جانتا ہے، وہ جانتا ہے، جو نہیں جانتا وہ جان لے کہ مالک بن انس ہوں، فتویٰ دیتا ہوں کہ طلاقِ جبری (مکرہ) درست نہیں"

اس واقعہ سے ان کی عزت و عظمت گھٹنے کی بجائے بڑھ گئی۔ تازیانوں کی ضربات سے شان کا رعب، داب اور جلال و جمال دوچند ہو گیا۔ امام ممدوح نے بعد میں گورنر کے معافی طلب کرنے پر فراخ دلی سے کام لیتے ہوئے معاف کر دیا۔(۲۱)

طریق فتویٰ واجتہاد

۱۔ امام مالک رحمۃ اللہ علیہ اپنے اجتہاد میں قرآن کریم کے بعد احادیثِ نبوی پر اعتماد کرتے تھے جس حدیث کی سند کو صحیح سمجھتے، اسی سے مسائل کا استنباط کرتے۔

۲۔ امام مالک رحمۃ اللہ علیہ اہل مدینہ کے تعامل کو یعنی جس حدیث پر فقہائے مدینہ کا عمل اور اتفاق ہو خصوصی اہمیت کا حامل سمجھتے ہیں۔

۳۔ پھر اقوالِ صحابہ کی طرف رجوع بھی کرتے ہیں

۴۔ نص کی عدم موجودگی میں قیاس سے کام لیتے۔ کبھی کبھار مصالح مرسلہ (مصلحتِ عامہ) کے اصول کے ذریعے اجتہاد کرتے، جن کا مقصد معاشرتی مفاسد کو دور کر کے شرعی مقاصد کی حفاظت کرنا ہے۔(۲۲)

موطا اور اس نام کی نسبت

اس کا زمانہ تصنیف خلیفہ منصور کے زمانہ ۱۳۶ھ سے شروع ہوتا ہے اور خلیفہ مہدی کے زمانے ۱۵۸ھ میں کتاب کی شکل میں متداول ہوا۔

موطا کی تصنیف کا تعلق اس زمانے کے مسلمانوں کی اجتماعی اور سیاسی زندگی سے ہے، وسیع اسلامی سلطنت کے اطراف و اکناف میں قاضی اور مفتی جو شرعی احکام نافذ کرتے، ان میں اختلاف پایا جاتا تھا اور اس زمانے کے اہل سیاست یہ سمجھتے تھے کہ فیصلوں میں استحکام نہیں، اس بنا پر وہ چاہتے تھے کہ خلیفہ ایک جامع الاحکام کتاب مقرر کر دے جس کے مطابق سارے مقدمات کے فیصلے کیے جائیں اور اس کے خلاف فیصلہ کرنے کا امتناعی حکم جاری کر دے۔ (۲۳)

موطا کے بارے میں امام مالک رحمۃ اللہ علیہ خود فرماتے ہیں:

"میری کتاب میں رسول اللہ صلی اللہ علیہ وسلم کی حدیث ہے، صحابہ رضی اللہ عنہم کے اقوال ہیں پھر تابعین کے، اور رائے یعنی اجماع اہل مدینہ ہے، میں اِن سے باہر نہیں نکلا"(۲۴)

امام مالک رحمۃ اللہ علیہ نے موطا کو فقہی ابواب پر مرتب فرمایا ہے۔ انہوں نے صرف احادیثِ مرفوعہ پر اکتفا نہیں کیا بلکہ اس میں اقوالِ صحابہ اور فتاویٰ تابعین کو بھی جمع کر دیا۔

اسلوبِ موطا

امام مالک رحمۃ اللہ علیہ اس کے اندر باب کا موضوع بیان کرتے ہیں، اس کے مطابق حدیث درج کرتے ہیں۔ اس کے ساتھ ساتھ اقوالِ صحابہ، تابعین اور اکثر مواقع پر عمل اہل مدینہ کا بھی ذکر کرتے ہیں۔ بعض دفعہ ذاتی طور پر فقہی آراء پر روشنی ڈالتے

ہیں۔ مثلاً آپ کا یہ فتویٰ:

"امام مالک سے پوچھا گیا اگر حائضہ عورت کو طہر کے وقت پانی میسر نہ ہو تو کیا وہ تیمم کرے؟ آپ رحمۃ اللہ علیہ نے فرمایا: ہاں اس کی مثال جنبی کی طرح ہے، اگر پانی میسر نہ ہو"(۲۵)

موطا کے لغوی معنی "روندا ہوا"، "تیار کیا ہوا" اور "نرم اور سہل بنایا ہوا" ہے۔

شاہ ولی اللہ رحمۃ اللہ علیہ کے مطابق "موطا کے معنی روندے ہوئے، چلے ہوئے کے ہیں جس طرف عام ائمہ، علماء اور اکابر چلے ہوں اور سب نے اس کے متعلق گفتگو کی ہو اور اتفاق بھی کیا ہو"(۲۶)

مدینہ منورہ میں نقدِ حدیث اور علم رجال میں امام مالک رحمۃ اللہ علیہ کو حجت و سند تسلیم کیا گیا ہے۔ یہی وجہ ہے کہ دس ہزار احادیث کے ذخیرے میں سے انہوں نے اپنی کتاب "موطا" کی حدیثیں منتخب کیں۔ اور پھر ہر سال نقد و جرح کی کسوٹی پر پرکھتے رہے اور بالآخر موجودہ انتخابِ موطا پر نظر ٹھہری۔

امام مالک نے فرمایا کہ چار قسم کے آدمیوں کی روایت قبول نہ کرو:

"(ا) ایسے احمق سے جس کی حماقت واضح ہو (ب) جھوٹے شخص کی روایت (ج) ہوا و ہوس کا بندہ (د) ایسے عبادت گزار بوڑھے انسان کی روایت جس کو معلوم نہ ہو کہ وہ کیا بیان کر رہا ہے۔"(۲۷)

لہٰذا امام مالک رحمۃ اللہ علیہ صرف اسی بات پر اکتفا نہ کرتے تھے کہ راوی عادل ہے، یاد رکھنے والا ہے بلکہ یہ بھی ضروری ہے کہ راوی جو کچھ بیان کرتا ہے، اس کا وزن اور اس کی حیثیت سے بھی باخبر ہو جس سے وہ بیان کرتا ہے۔ اسی طرح امام مالک رحمۃ اللہ علیہ نے بہت سے متقی پرہیزگار لوگوں سے روایت نہیں کی، اس لیے کہ وہ ضابط نہیں تھے۔

امام مالک رحمۃ اللہ علیہ سے پوچھا گیا کہ آپ اہل عراق سے حدیث کیوں نہیں لیتے؟

کہا: "اس لیے (۲۸) کہ جب وہ ہمارے شہر آتے ہیں تو میں انہیں دیکھتا ہوں کہ وہ غیر ثقہ سے بھی حدیث لے لیتے ہیں، تو میں نے سوچا یہی حال ان کا اپنے شہر میں ہو گا۔" (۲۹)

امام مالک بہ حیثیتِ فقہ

یہ ظاہر ہے کہ امام مالک رحمۃ اللہ علیہ کے زمانے میں بلکہ دوسری صدی ہجری کے تین چوتھائی حصے تک فقہ کے وہ اصطلاحی معنی نہیں قرار پائے تھے جو آج مشہور و معروف ہیں بلکہ عملی امور اور احوال میں وہی لوگ فتویٰ دیتے تھے جو ان روایات کے حامل تھے اور جس کا نام انہوں نے علم رکھا تھا اور جن کی وجہ سے وہ لوگوں کو فقہ کا شوق دلاتے تھے، یعنیی "وہ روایات جو امام مالک رحمۃ اللہ علیہ نے پورے جوش سے فراہم کی تھیں اور جن کو اپنی کتاب موطا میں مدون کر دیا تھا۔"

اسی طرح لفظ "رائے" اس زمانے تک حجاز میں ان اصطلاحی معنوں میں مستعمل نہ تھا جو آج کل لیے جاتے ہیں، بلکہ رائے کے معنی تھے "سمجھنا اور خوبی کے ساتھ پالینا" نہ کہ قیاس اور استنباط اور فقہی احکام کے استخراج میں عقل کو کام میں لانے کی قوت کا نام۔ امام مالک رحمۃ اللہ علیہ نے خود تصریح کی ہے کہ رائے سے مراد "میری رائے" نہیں بلکہ ان کے ہاں رائے سے مراد ائمہ سلف کی ایک جماعت کی رائے ہے۔

امام مالک رحمۃ اللہ علیہ کا قول ہے کہ میں الامر المجتمع کہتا ہوں تو اس سے مراد وہ قول ہے جس پر اہل علم و فقہ کا بغیر کسی اختلاف کے اجماع ہو اور جب میں الامر عندنا کہتا ہوں تو اس سے مراد وہ بات ہے جس پر ہمارے ہاں کے لوگوں کا عمل ہو اور جس کے مطابق احکام جاری ہوں اور جن کو عالم و جاہل سب جانتے ہوں۔ جس چیز کے بارے میں

ببلد نا کہتا ہوں تو اس سے مراد وہ شے ہے جس کو میں اقوالِ علماء میں سے پسند کرتا ہوں نیز ان کا قول ہے کہ "میں اپنے اجتہاد میں اہل مدینہ کے مذہب اور ان کی رائے (اجماع) سے باہر قدم نہیں رکھتا۔"(۳۰)

روایاتِ موطا (موطا کے نسخے)

ابو لقاسم بن محمد شافعی رحمۃ اللہ علیہ کا کہنا ہے کہ موطا کے متعدد نسخے ہیں جن میں گیارہ زیادہ معروف ہیں اور چار ایسے ہیں جو مقبولیت اور شہرت کے بامِ عروج پر پہنچے:

موطا یحیٰی بن یحیٰی مصمودی، موطا ابن بکیر، موطا ابی مصعب اور موطا ابن وہب اور جب مطلق موطا کا نام لیا جائے تو اس سے مراد یحیٰی بن یحیٰی مصمودی کی روایت ہی ہوتی ہے۔(۳۱)

موطا میں روایات کی تعداد:

مجموعی احادیث و آثار ۱۷۲۰

مسند (مرفوع) احادیث ۶۰۰

مرسل ۲۲۲

اقوال صحابہ (موقوف) ۶۱۳

اقوالِ تابعین (مقطوع) ۲۸۵ (۳۲)

موطا کی اہمیت اور مقبولیت

جمہور علماء نے طبقاتِ کتب حدیث کے اندر طبقہ اولیٰ میں موطاِ مالک کو شمار کیا ہے۔ حضرت شاہ ولی اللہ رحمۃ اللہ علیہ اور شاہ عبد العزیز رحمۃ اللہ علیہ نے کتبِ حدیث کے پانچ طبقات قائم کیے ہیں جن میں موطا کو طبقہ اول میں رکھا گیا ہے بلکہ شاہ ولی اللہ رحمۃ اللہ علیہ موطا کو تمام کتبِ احادیث پر مقدم اور افضل سمجھتے ہیں۔(۳۳)

موطا کے بارے میں علماء و محدثین کی آراء

حافظ ابو زرعہ رازی رحمۃ اللہ علیہ جو صحیحین (بخاری و مسلم) دونوں ہی سے بخوبی واقف ہیں، ان کو موطا کی صحت کا اس درجہ یقین ہے کہ فرماتے ہیں:

لو حلف رجل بالطلاق على حديث مالك فى الموطا انها صحاح لم يحنث

"اگر کوئی شخص اس پر طلاق کا حلف اٹھا لے کہ موطا میں امام مالک رحمۃ اللہ علیہ نے جو حدیثیں بیان کی ہیں، صحیح ہیں تو وہ حانث (قسم توڑنے والا) نہ ہو گا۔ (۳۴)

امام شافعی رحمۃ اللہ علیہ فرماتے ہیں:

" ما على ظهر الارض كتاب بعد كتاب الله اصح من كتاب مالك " (۳۵)

"روئے زمین پر کتاب اللہ کے بعد مالک رحمۃ اللہ علیہ کی کتاب سے بڑھ کے کوئی کتاب صحیح نہیں"

اگرچہ بعض علماء کہتے ہیں: انما قال ذلك قبل وجود كتاب البخاري و مسلم (۳۶)

"امام شافعی رحمۃ اللہ علیہ کا یہ قول بخاری رحمۃ اللہ علیہ و مسلم رحمۃ اللہ علیہ کی کتابوں کے عالم وجود میں آنے سے پہلے کا ہے۔"

حافظ ذہبی رحمۃ اللہ علیہ فرماتے ہیں: ان للموطا لوقعا فى النفوس و مهابة فى القلوب لا يوازيها شيىء (۳۷) بلاشبہ موطا کی لوگوں میں جو وقعت اور دلوں میں جو ہیبت ہے اس کا کوئی چیز مقابلہ نہیں کر سکتی۔

حافظ ابو جعفر بن زبیر غرناطی رحمۃ اللہ علیہ نے بھی موطا کی شان میں اظہارِ خیال کیا ہے (۳۸)

قاضی ابو بکر القبس میں لکھتے ہیں: ھذا اول کتاب الف فی شرائع الاسلام (۳۹)

"شرائع اسلام کے بارے میں یہ پہلی کتاب تھی جو تالیف ہوئی"

حضرت سفیان کا قول ہے: اول من صنف الصحیح مالك والفضل للمتقدم (۴۰)

"سب سے پہلے صحیح احادیث امام مالک نے جمع کی ہیں اور فضیلت پہلے کو ہی ہے"

شاہ عبد العزیز دہلوی رحمۃ اللہ علیہ کا خیال ہے کہ

"موطا صحیحین کے لیے بمنزلہ ماں کے ہے کیونکہ امام بخاری رحمۃ اللہ علیہ و مسلم رحمۃ اللہ علیہ نے اسی سے طریق روایت، تمیز رجال اور استنباط کا علم سیکھا۔ حقیقت یہ ہے کہ موطا کو صرف حدیث و فقہ کے زر و جواہر پر مشتمل ایک گنجینہ سمجھنا (۴۱) غلط ہے۔ یہ ہماری تہذیب و ثقافت کی اولین، مستند ترین اور مکمل ترین دستاویز ہے جو ہم تک پہنچی ہے۔ اس میں جہاں احادیث کو جمع کیا گیا ہے وہاں یہ بھی بتایا گیا ہے کہ عہدِ صحابہ میں زندگی کا چلن کیسا تھا اور اسلام کے مرکز ثانی (مدینہ منورہ) میں جو مرکزِ انوارِ نبوت اور مبدا وحی بھی ہے، اسلام کو کس رنگ میں پیش کیا گیا، کس طرح سمجھا گیا اور اس کے احکام و مسائل کی کیا وہ فقہی شکل تھی جو صحابہ نے اپنائی۔ یعنی یہ دستاویز اس تاریخی اہمیت کی حامل ہے کہ اس کا تعلق عہدِ نبوی سے بہت قریب کا ہے۔ اس میں چالیس چالیس روایات ایسی ہیں جن میں امام صاحب اور آنحضرت صلی اللہ علیہ وسلم کے درمیان صرف دو روایوں کا واسطہ ہے۔ اب روایات کو اصطلاحِ محدثین میں ثنایات سے تعبیر کیا جاتا ہے۔" (۴۲)

قاضی عیاض رحمۃ اللہ علیہ نے نظم کے اندر موطا کو احادیث اور صحت کے اعتبار

سے اصح اور استدلال و استنباط کے لحاظ سے اثبت بھی کہا ہے:

إذا ذكرت كتب العلوم فحيهل
بكتب الموطأ من تصانيف مالك
أصح أحاديثا وأثبت حجة
وأوضحها في الفقه نهجا لسالك
عليه مضى الإجماع من كل أمة
على رغم خيشوم الحسود المماحك
فعنه فخذ علم الديانة خالصا
ومنه استفد شرع النبي المبارك
وشد به كف الصيانة تهتدي
فمن حاد عنه هالك في الهوالك
(۴۳)

جب آپ علوم اسلامیہ کی طرف توجہ کریں تو سب سے پہلے امام مالک کی موطا کو لیں، جس کی احادیث سب سے صحیح اور قاطع دلائل ہیں، اور واضح فقہی مسائل کا منبع ہیں، ہر تند خو حاسد کی ناک خاک آلود ہونے کے باوجود ہر زمانہ میں اس کی صحت و حجت پر اجماع رہا ہے۔۔۔

اس سے دین کا علم سیکھو اور نبی صلی اللہ علیہ وسلم کی لائی ہوئی شریعت کے لئے اسی سے فائدہ اٹھاؤ، اور اسے محفوظ کرنے کے لیے مضبوطی سے تھام لیں تو ہدایت پا جاؤ گے، اور جس نے اس سے علیحدگی اختیار کی تو وہ ہلاکت گاہوں میں ہلاکت ہو جائے گا"

موطا پر بہت لوگوں نے کام کیا ہے، یہاں چند شروح اور اختصارات کے نام درج کیے جاتے ہیں:

ا۔ مشارق الانوار از قاضی عیاض: یہ موطا اور صحیحین کی شرح ہے۔

۲۔ کشف الغطاء عن الموطا از جلال الدین سیوطی: بڑی مفصل اور جامع شرح ہے۔

۳۔ تنویر الحوالک از علامہ سیوطی ۹۱۱ھ: کشف الغطاء کا خلاصہ ہے۔

۴۔ القبس از ابن العربی: ابن حزم رحمۃ اللہ علیہ کہتے ہیں کہ میں نے ایسی اعلیٰ کتاب نہیں دیکھی۔

۵۔ اوجز المسالک از محمد زکریا: ۶ جلدوں میں چھپی ہے، حنفی مسلک کی ترجمان ہے۔

۶۔ المنتقی از ابو الولید الباجی ۴۷۴ھ: ابن عبد البر کی شرح التمہید کا اختصار ہے۔

۷۔ کتاب التمہید از ابن عبد البر مالکی ۴۶۳ھ: بہت ہی جامع اور مکمل شرح ہے۔

۸۔ شرح زرقانی از محمد زرقانی مالکی: یہ نفیس شرح ہے، اکثر حصہ فتح الباری سے ماخوذ ہے۔

۹۔ المصفی از شاہ ولی اللہ دہلوی رحمۃ اللہ علیہ ۱۱۷۶ھ: فارسی ترجمہ اور تعلیقات ہیں۔

۱۰۔ المسویٰ از شاہ ولی اللہ دہلوی رحمۃ اللہ علیہ: اپنے مرتبہ نسخے پر عربی تعلیقات ہیں۔

۱۱۔ التعلیق الممجد علیٰ موطا امام محمد از مولانا عبد الحی لکھنوی: موطا کی شرح ہے۔

۱۲۔ اضاءۃ الحالک من الفاظ موطا مالک از محمد حبیب اللہ شنقیطی:

۱۳۔ دلیل السالک الیٰ موطا امام مالک از محمد حبیب اللہ شنقیطی:

یہ دونوں کتابیں ۱۳۵۴ھ میں اکٹھی شائع ہو چکی ہیں، ان میں بہت مفید معلومات ہیں۔

موطا کے دیگر نسخوں کی تفصیلی معلومات کے لیے ملاحظہ ہو: مقدمہ اوجز المسالک اور التعلیق الممجد اور شاہ عبد العزیز کی کتاب بستانُ المحدثین

اب ہم موطا سے بعض مثالیں پیش کرتے ہیں:

(۱) مرتد کو (حد کے طور پر) قتل کرنے سے پہلے توبہ طلب کرنے کے سلسلہ میں جو کچھ آیا، اس میں امام مالک رحمۃ اللہ علیہ کے احادیث سے نتیجہ نکالنے کے سلسلے میں آپ

نے فرمایا کہ حدیث ہے: مَنْ غَيَّرَ دِينَهُ فَاضْرِبُوا عُنُقَهُ (۴۴) "جس نے اپنا دین بدل دیا، اس کی گردن مار دو۔"

اس حدیث کے جو معنی ہم سمجھ سکتے ہیں (واللہ اعلم) وہ یہ ہے کہ جو شخص اسلام سے دوسرے دین میں چلا گیا جیسے زنادقہ وغیرہ، جب ان پر غلبہ حاصل ہو جائے تو ان کو قتل کر دو اور ان سے توبہ کا مطالبہ نہ کرو، اس لیے کہ یہ لوگ کفر چھپاتے تھے اور اسلام کا اعلان (اظہار) کرتے تھے لہذا ان سے توبہ طلب نہ کی جائے، ان کے قول کا بھی اعتبار نہ کیا جائے۔ لیکن جو شخص اسلام سے دوسرے دین کی طرف نکل گیا اور یہ ظاہر ہو گیا تو اس سے توبہ طلب کی جائے، توبہ کر لی تو خیر ورنہ اس کو قتل کر دیا جائے۔ اور مَنْ غَيَّرَ دِيْنَهُ میں وہ لوگ شامل نہیں جو نصرانیت سے یہودیت، یہودیت سے نصرانیت کی طرف گئے یا کسی دین کو چھوڑ کر دوسرے دین میں یا اسلام میں داخل ہو گئے بلکہ گردن اڑانے کا حکم صرف ان لوگوں کے لیے ہے جو دین اسلام سے نکل کر کسی دوسرے دین میں چلا گیا۔

لہذا امام مالک رحمۃ اللہ علیہ نے اس حدیث سے جو معنی اخذ کیا ہے وہ یہ کہ "تغیر دین سے مراد اسلام سے دوسرے دین میں نکل جانا ہے اور اس میں دیگر دین مراد نہیں ہیں کہ کوئی شخص ایک دین سے دوسرا دین بدل لے، اور اگر یہ عام ہوتا تو اس شخص پر بھی یہی حکم ہوتا جو شرک سے نکل کر اسلام میں دخل ہوا ہے اور یہ غیر معقول بات ہے۔"

(۲) یہاں ہم یہ مثال پیش کر رہے ہیں کہ امام مالک نے صحابہ کے فتوؤں اور ان کے فیصلوں سے بھی استفادہ کیا اور انہیں موطا میں درج کیا ہے۔ مثل مرضِ موت میں ہی مریض کے طلاق دینے پر بیوی کی میراث کے سلسلہ میں لکھا ہے "اگرچہ اس کو طلاق

بائن ہوگئی ہو"۔۔۔ حضرت عبدالرحمٰن بن عوف رضی اللہ عنہ نے اپنی بیوی کو مرض میں طلاق دے دی تو حضرت عثمان رضی اللہ عنہ نے اس عورت کو عدت پوری ہونے پر وارث بنایا۔(۴۵) اسی بارے میں امام مالک رحمۃ اللہ علیہ نے بہت سی مثالیں پیش کی ہیں اور بیوی کو وارث قرار دیا ہے اگرچہ اس کی عدت پوری ہو جائے اور دوسرے سے نکاح کر لیا ہو۔ تفصیل کے لیے ملاحظہ ہو موطا(۴۶)

(۳) امام مالک رحمۃ اللہ علیہ نے صغار صحابہ کے اقوال سے بھی استدلال کیا ہے اور اہل مدینہ کے عمل سے بھی اور بچوں کی شہادت کے متعلق بھی اظہار خیال کیا ہے:

" أن عبد الله بن الزبير كان يقضي بشهادة الصبيان فيما بينهم من الجراح" (۴۷)

"عبداللہ بن زبیر بچوں کی شہادت پر فیصلے دیتے تھے جو ان کے آپس کے زخموں (جھگڑوں) سے متعلق ہوں۔"

اس کو اور اجماع اہل مدینہ کو بنیاد بنا کر امام مالک رحمۃ اللہ علیہ کہتے ہیں کہ بچوں کی گواہی آپس کے معاملات کے لیے قابل قبول ہے۔ چنانچہ امام مالک رحمۃ اللہ علیہ نے اہل مدینہ کے اجماع اور حضرت عبداللہ بن زبیر رضی اللہ عنہ کے عمل سے استدلال کیا ہے۔ (۴۸)

(۴) اجماعِ اہل مدینہ سے بھی امام مالک رحمۃ اللہ علیہ نے استدلال کیا ہے اس کے لیے مثال ملاحظہ کیجئے۔ ہمارے ہاں یہ بات متفق علیہ ہے کہ بیٹوں کی موجودگی میں سگے بھائی وارث نہیں ہوں گے اور اگر پوتا موجود ہو تب بھی سگے بھائی قطعاً وارث نہیں ہوں گے اور باپ کی موجودگی میں بھی وہ (بھائی) وارث نہیں ہوں گے۔ اگر متوفی کے دادا نہ ہوں اور دادا کی بیٹی یا نواسی ہو وہ (بھائی) بطورِ عصبہ وارث ہوں گے۔۔۔ تفصیل کے لیے

ملاحظہ ہو: موطا۔ (۴۹)

اس مسئلہ کے اندر بھی امام مالک رحمۃ اللہ علیہ صرف اجماعِ اہل مدینہ سے استدلال کرتے ہیں پھر اسی اجماع کی بنیاد پر وہ فروع کے مسائل کو حل کرتے ہیں۔

(۵) امام مالک رحمۃ اللہ علیہ صحابہ کرام رضی اللہ عنہم کے فتوؤں سے استدلال کرتے ہیں اور انہیں بطور استحسان لیتے ہیں۔

جیسا کہ مفقود الخبر خاوند کے بارے میں امام مالک کا موقف ہے۔

حضرت عمر رضی اللہ عنہ کا فتویٰ ہے کہ اگر کسی عورت کا خاوند گم ہو جائے، معلوم نہ ہو کہ وہ کہاں گیا ہے تو وہ عورت چار سال تک انتظار کرے۔ اس کے بعد چار سال دس دن کی عدت گزار کر دوسری شادی کر سکتی۔ عدت گزارنے کے بعد اگر اس عورت نے شادی کر لی اور اس خاوند (ثانی) کے ساتھ خلوتِ صحیحہ ہوئی یا نہ ہوئی (دونوں صورتوں میں) پہلے خاوند کو کوئی حق حاصل نہیں۔ ہاں اگر اس عورت کی شادی نہیں ہوئی ہو تو پہلا خاوند اس کا زیادہ حقدار ہو گا۔ اس باب میں اور بھی مسائل کا تذکرہ کیا ہے۔

امام مالک رحمۃ اللہ علیہ نے حضرت عمر رضی اللہ عنہ کے فتویٰ کی روشنی میں اپنا موقف اپنایا ہے اور امام مالک رحمۃ اللہ علیہ نے اس بات سے رجوع کیا ہے کہ اگر خاوند سے خلوتِ صحیحہ نہیں ہوئی تو پہلا خاوند ہی حقدار ہو گا۔ (۵۰)

ان مثالوں سے واضح ہوا کہ موطا فقہ کی کتاب بھی ہے اور حدیث کی بھی، لیکن جو احادیث اس میں بیان کی گئی ہیں، اُن کو لانے سے یہ غرض ہے کہ ان سے فقہی مسائل کا استنباط کیا جائے اور ان سے استدلال کیا جائے اور ان کے مقتضا کے موافق احکام و مسائل حل کیے جائیں۔

امام صاحب رحمۃ اللہ علیہ صرف احادیث پر اکتفا نہیں کرتے بلکہ صحابہ کرام کے

فیصلے کی روشنی میں مسائل حل کرتے ہیں اور اس رائے کو قبول کرتے ہیں جو زیادہ مصالح (مصلحتِ عامہ) کے قریب تر پاتے ہیں اور اس سلسلہ میں اہل مدینہ کے اجماع سے بھی استدلال کرتے ہیں۔

بہر حال موطا فقہ السنۃ کے لیے بہترین مجموعہ کی حیثیت رکھتی ہے۔ اس مجموعہ سے استفادہ کرنا فقیہ اور محدث دونوں کے لیے ضروری ہے۔

حوالہ جات

۱۔ ابن کثیر، البدایۃ والنہایۃ: ۱۰/ ۱۷۴

۲۔ محمد ابو زہرہ، امام مالک (اردو ترجمہ): ص ۳۴

۳۔ الاستاذ محمد ابو شہبہ، اعلام المحدثین: ص ۵۲

۴۔ محمد الزرقانی، شرح الزرقانی: مقدمہ ۱/ ۳

۵۔ محمد الزرقانی، شرح الزرقانی: مقدمہ ۱/ ۳

۶۔ محمد الزرقانی، شرح الزرقانی: مقدمہ ۱/ ۳

۷۔ تنویر الحوالک: ۱/ ۳

۸۔ تنویر الحوالک: ۱/ ۳

۹۔ النووی، تہذیب الاسماء: ۲/ ۷۶

۱۰۔ تنویر الحوالک: ۱/ ۳ ۔۔۔ ۱۱۔ البدایۃ والنہایۃ: ۱۰/ ۱۷۴ ۔۔۔ ۱۲۔ البدایۃ والنہایۃ: ۱۰/ ۱۷۴ ۔۔۔ ۱۳۔ الذہبی، تذکرۃ الحفاظ: ۱۴۔ شرح الزرقانی: مقدمہ ۱/ ۲۔۳ ۔۔۔ ۱۵۔ البدایۃ والنہایۃ: ۱۰/ ۱۷۴ ۔۔۔ ۱۶۔ الذہبی، تذکرۃ الحفاظ: ۱/ ۱۸۷ ۔۔۔ ۱۷۔ مقدمہ اسعاف الموطا، ۱/ ۱۸۷ ۔۔۔ ۱۸۔ مقدمہ اوجز المسالک: ۔۔۔ ۱۹۔ الزاوی، مناقب مالک، ص ۳۳ ۔۔۔ ۲۰۔ محمد ابو شہبہ: اعلام المحدثین، ص ۵۰ ۔۔۔ ۲۱۔ ابن

عبد البر، الانتقاء، ص ۴۳-۴۴۔۔۔ ۲۲۔ محمد ابو شہبہ: اعلام المحدثین، ص ۴۷۔۔۔ ۲۳۔ اردو دائرہ معارف اسلامیہ، ۱۸/ ۳۷۸۔۔۔ ۲۴۔ اردو دائرہ معارف اسلامیہ، ۱۸/ ۳۷۸ اور ابو شہبہ: اعلام المحدثین، ص ۵۳۔۔۔ ۲۵۔ موطا مع شرح الزرقانی، ۱/ ۱۱۸ (طہر الحائض)

۲۶۔ المسویٰ شرح موطا مقدمہ، ص ۶

۲۷۔ ابن عبد البر: الانتقاء، ص ۱۶ اردو دائرہ معارف اسلامیہ، ۱۸/ ۳۷۹

۲۸۔ المدارک، ص ۱۶۶

۲۹۔ المدارک، ص ۱۶۶

۳۰۔ ترتیب المدارک، ۱/ ۱۹۴

۳۱۔ قاضی عیاض: ابو شہبہ: اعلام المحدثین، ص ۵۶ / حنیف ندوی: مطالعہ حدیث، ص ۱۹۳

۳۲۔ قاضی عیاض: ابو شہبہ: اعلام المحدثین، ص ۵۷

۳۳۔ مقدمہ المسوی شرح موطا

۳۴۔ السیوطی: تزیین الممالک (طبع خیریہ۔ مصر) ص ۴۴

۳۵۔ السیوطی: تزیین الممالک (طبع خیریہ۔ مصر) ص ۴۳

۳۶۔ مقدمہ ابن الصلاح / و تقی الدین: محدثین عظام، ص ۱۰۱

۳۷۔ مقدمہ التعلیق المجد علی موطا امام محمد

۳۸۔ تدریب الراوی / قوت المغتذی علی جامع الترمذی، ص ۵

۴۱۔ بستان المحدثین، ص ۲۴

۴۲۔ حنیف ندوی: مطالعہ حدیث، ص ۱۹۳

۴۳۔ مقدمہ شرح الزرقانی، ص ۹

۴۴۔ شرح الزرقانی علی موطا الامام مالک، ۴/ ۱۴/ -۱۵

۴۵۔ شرح الزرقانی علی موطا الامام مالک، ۳/ ۱۹۵

۴۶۔ شرح الزرقانی، ۳/ ۳۹۶

۴۷۔ شرح الزرقانی، ۳/ ۳۹۶

۴۸۔ شرح الزرقانی، ۳/ ۱۰۵

۴۹۔ شرح الزرقانی، ۳/ ۲۰۰، ۱۹۹

(۲) امام دار قطنیؒ کے حالات اور ان کی اہم کتب کا منہج

ابن بشیر حسینوی

نام ونسب:

ابوالحسن علی بن عمر بن احمد بن مہدی بن مسعود بن نعمان بن دینار بن عبد اللہ بغدادی دار قطنی رحمۃ اللہ علیہ تاریخ پیدائش:۳۰۶ھ [۱]

دار قطنی کی وجہ تسمیہ :بغداد میں ایک محلہ تھا جس کا نام دارُ القطن تھا، وہاں کے رہائشی تھے اس کی وجہ سے اسی طرف منسوب ہوئے۔

اساتذہ: آپ نے اس قدر زیادہ شیوخ سے استفادہ کیا جن کا شمار ناممکن ہے، ان کے چند مشہور اساتذہ درج ذیل ہیں :ابوالقاسم بغوی ،ابو بکر بن ابو داود، یحییٰ بن صاعد، ابن قانع صاحبِ معجم الصحابہ ،اور اسماعیل بن محمد الصفار وغیرہ

تلامذہ:ابو نعیم اصفہانی، ابو بکر برقانی،امام حاکم صاحب المستدرک، خلال جوہری، تنوخی، عتیقی، قاضی ابوالطیب طبری اور حافظ عبد الغنی مقدسی وغیرہ

علمی سفر

آپ نو سال کے تھے کہ آپ نے علم حدیث حاصل کرنا شروع کر دیا تھا، آپ کے ساتھی یوسف القواس کہتے ہیں کہ جب ہم امام بغوی رحمۃ اللہ علیہ کے پاس جاتے تو دار قطنی ہمارے پیچھے پیچھے ہوتے، ان کے ہاتھ میں روٹی ہوتی جس پر سالن رکھا ہوا ہوتا تھا۔ بعض دفعہ اگر ان کو کلاس میں نہ بیٹھنے دیا جاتا تو یہ باہر بیٹھ کر روتے...[۲]

آپ نے فقہ شافعی اپنے استاد ابو سعید اصطخری سے پڑھی ،اور باقاعدہ تعلیم امام

بغوی سے حاصل کی۔ لوگوں کی آپ سے اُمیدیں وابستہ تھیں کہ آپ دارالقطن کے قاری بنیں گے لیکن اللہ تعالی نے اُنھیں محدث بنا دیا۔ آپ نے علم کے حصول کے لئے تمام علمی مراکز کا سفر کیا۔ جن میں سے کوفہ، بصرہ، واسط، تنیس، شام، مصر، خوزستان، مکہ اور مدینہ قابل ذکر ہیں۔

علمی مقام و مرتبہ: آپ کی امامت و ثقاہت پر تمام محدثین کا اتفاق ہے۔ الحمدللہ آپ کے شاگرد شیخ الاسلام ابو الطیب طاہر بن عبد اللہ طبری رحمۃ اللہ علیہ نے آپ کو 'امیر المومنین فی الحدیث' کہا ہے۔[۳] خطیب بغدادی آپ کے متعلق لکھتے ہیں:

"وكان فريد عصره، وقريع دهره، ونسيج وحده، وإمام وقته، انتهى إليه علم الأثر والمعرفة بعلل الحديث وأسماء الرجال وأحوال الرواة مع الصدق والأمانة والفقه والعدالة وقبول الشهادة وصحة الاعتقاد وسلامة المذهب و الاضطلاع بعلوم سوى علم الحديث"[۴]

" آپ یگانہ روزگار، یکتائے زمانہ، امامِ وقت اور نابغہ عصر شخصیت تھے۔ علوم حدیث، اور علل حدیث واسمائے رجال کے علوم آپ پر ختم ہو جاتے ہیں۔ علاوہ ازیں صدق وامانت ، فقہ وعدالت، قبولِ شہادت، درستگی عقیدہ و منہج میں بلند مقام پر فائز تھے۔"

حافظ ذہبی نے کہا: "الإمام الحافظ المجوّد شيخ الإسلام، علّم الجهابذة، المقرئ، المحدّث"[۵]

"آپ امام ، حافظ ، مجوّد، شیخ الاسلام اور نامور قاری و محدث تھے۔ آپ نے اساطین فن کو پڑھایا۔"

ایک جگہ لکھتے ہیں: "بل کان سلفیًا" [٦] "بلکہ وہ سلفی تھے۔"

حافظ سخاوی نے کہا: "وبه ختم معرفة العلل" [٧] "آپ پر علل کی معرفت ختم ہو گئی۔"

امام دار قطنی امام الجرح والتعدیل تھے۔ امام رحمۃ اللہ علیہ کو اللہ تعالیٰ نے بہت ہی زیادہ حافظہ عطا فرمایا تھا۔ اس بات کا صرف ایک واقعے سے اندازہ لگالیں۔ امام دار قطنی کی سب سے بڑی کتاب العِلَل ہے جو سولہ جلدوں میں مطبوع ہے۔ اس کتاب میں احادیث پر جرح و تعدیل کے اعتبار سے کلام ہے، یہ ساری کتاب آپ نے زبانی لکھوائی۔ خطیب بغدادی فرماتے ہیں کہ میں نے امام برقانی سے پوچھا: کیا ابوالحسن دار قطنی اپنی کتاب العلل آپ کو زبانی لکھواتے تھے؟ تو اُنھوں نے جواب دیا: جی ہاں۔ [٨]

وفات: آپ بدھ ٨ ذوالحجہ ٣٨٥ھ کو فوت ہوئے اور باب الدیر کے مقبرہ میں دفن ہوئے۔ [٩] اور آپ کی نمازِ جنازہ ابو حامد اسفرائینی الفقیہ نے پڑھائی۔ [١٠]

امام دار قطنی کے تفصیلی حالات معلوم کرنے کے لئے درج ذیل کتب کا مطالعہ کریں:

تاریخ لابن ماکولا (ج ١٢/ ص ٤٠)، تاریخ بغداد (ج ١٢/ ص ٣٤)، الانساب للسمعانی (ج ٢/ ص ٤٣٨)، وفیات الاعیان (ج ٣/ ص ٢٩٧)، تذکرۃ الحفاظ (ج ٣/ ص ٩٩١)، البدایۃ والنہایۃ (ج ١١/ ص ٣١٧)، سیر اَعلام النبلاء (ج ١٦/ ص ٤٤٩)

امام حاکم نے اپنے استاد محترم امام دار قطنی سے ان عراقی راویوں کے متعلق لکھ کر سوالات کیے جن کے حالات اُنھیں بذاتِ خود معلوم نہیں ہو رہے تھے۔ امام دار قطنی رحمۃ اللہ علیہ نے ان پر جرح و تعدیل کے لحاظ سے لکھ کر کلام کیا، پھر بعد میں امام حاکم رحمۃ اللہ علیہ نے بالمشافہ بھی سوال کیے۔ اور ان میں بعض وہ سوال وجواب بھی ہیں جو امام

دار قطنی رحمۃ اللہ علیہ سے کسی اور نے کیے لیکن امام حاکم رحمۃ اللہ علیہ جواب کے وقت موجود تھے، ان تمام سوال و جواب کو امام حاکم رحمۃ اللہ علیہ نے ترتیب دیا ہے۔ پہلے ان سوال و جواب کو لکھا ہے، پھر امام صاحب نے جواب دیے پھر کتاب کے آخر میں ان سوالات و جوابات کو درج کیا جو بالمشافہ سوال کیے اور یہ کتاب سؤالات الحاکم کے نام سے مطبوع ہے۔ اس کتاب کے مطالعہ سے معلوم ہو جاتا ہے کہ امام دار قطنی رحمۃ اللہ علیہ جرح و تعدیل کے کس قدر بلند مقام پر فائز تھے۔

اسی طرح امام ابو عبد الرحمٰن سُلمی نے اپنے شیخ امام دار قطنی رحمۃ اللہ علیہ سے سوالات کیے وہ بھی مطبوع ہیں، اسی طرح برقانی کے سوالات بھی مطبوع ہیں۔ سؤالات حمزۃ السھمي بھی عام متداول ہیں۔ ان کتب سے بھی معلوم ہوتا ہے کہ امام دار قطنی مرجع خلائق تھے اور ان کے جوابات کو بہت ہی قدر کی نگاہ سے دیکھا جاتا تھا۔[۱۱]

اہم تصانیف اور ان کا اُسلوب

آپ نے ساری زندگی علوم حدیث پر کتب تصنیف فرمائیں، ان کی تعداد ۵۳ بنتی ہے۔ ان میں سے بعض مطبوع ہیں اور بعض مخطوط۔ ان کی ضروری تفصیل پیش خدمت ہے:

۱. أحادیث الصفات ۲. أحادیث النزول

۳. رؤیۃ اللہ ۴. الالزامات

۵. التـــتبع ۶. الاف-راد

۷. سؤالات البرقاني للدارقطني ۸. سؤالات الحاکم للدارقطني

۹. سؤالات السُّلمی للدارقطني ۱۰. السنن للدارقطني

۱۱. الضعفاء والمتروکون ۱۲. العلل الواردۃ في الأحادیث النبویۃ

۱۳. غرائب مالک ۱۴. المؤتلف والمختلف في أسماء الرجال

۱۔ سنن الدار قطنی

امام دار قطنی رحمۃ اللہ علیہ کی یہ مشہورِ زمانہ کتاب ہے اس میں احادیث کی تعداد ۴۸۳۵ ہے۔ صحیح احادیث بھی ہیں اور ضعیف بھی۔ اس کتاب میں امام صاحب نے درج ذیل منہج اپنایا ہے:

۱. فقہی ترتیب: اس کتاب میں تمام احادیث فقہی ترتیب کے مطابق لکھی گئی ہیں، مثلاً: پہلے کتاب الطہارۃ، پھر کتاب الصلاۃ... الخ۔ اس سے یہ بھی معلوم ہوتا ہے کہ آپ کو فقہ میں خوب مہارت تھی بلکہ فقہ کی جزئیات تک نظر تھی، اس لئے تو احکام کے متعلق احادیث کو سنن دار قطنی میں جمع کیا ہے اور جن ضعیف اور موضوع روایات سے بعض فقہا استدلال کرتے تھے، ان کے ضعف کو واضح کیا ہے۔

۲. جو حدیث جتنے شیوخ سے سنی ہوئی ہے، ان تمام کا نام لیتے ہیں اور سند کی تبدیلی کے وقت ح لکھتے ہیں۔ مثلا حدیث نمبر ۱ کو چار شیوخ اور حدیث ۲ کو چھ شیوخ سے بیان کرتے ہیں۔

۳. امام دار قطنی رحمۃ اللہ علیہ کا کوئی اُستاد اپنے کئی شیوخ سے حدیث بیان کرے تو امام دار قطنی ان تمام کے نام لکھتے ہیں مثلاً دیکھیں: حدیث نمبر ۱۱

۴. امام دار قطنی غریب الحدیث کا بھی اہتمام کرتے ہیں مثلا قُلَّتین کی تفسیر میں لکھتے ہیں کہ ابن عرفۃ نے کہا کہ میں نے ہشیم سے سنا کہ قلتین سے مراد الجرتین الکبار ہے۔

۵. امام دار قطنی کی یہ کتاب اصل میں علل کی کتاب ہے۔ ہر حدیث کی زیادہ سے زیادہ سندیں بیان کرتے ہیں پھر ان میں اختلاف نقل کرتے ہیں اور بعض دفعہ راجح بھی لکھتے ہیں، مثلاً: حدیث نمبر ۲۰ میں لکھتے ہیں: والمحفوظ عن ابن عیاش

٦. اگر کسی روایت کے مرفوع اور موقوف ہونے میں اختلاف ہو تو امام دار قطنی اس اختلاف کو بیان کر کے راجح کی تعیین کرتے ہیں، مثلاً دیکھیں: حدیث نمبر ۷۷، ۲۹

۷. اگر کوئی کثیر الخطار اوی حدیث بیان کرنے میں غلطی کرے تو امام دار قطنی رحمۃ اللہ علیہ اس غلطی کو بیان کرتے ہیں، مثلاً دیکھیے: حدیث نمبر ۳۸

۸. امام دار قطنیؒ جرح و تعدیل کے امام تھے، یہی وجہ ہے کہ وہ ہر ہر باب میں جو ضعیف روایات ہوں، ان کی نشان دہی ضرور کرتے ہیں اور ضعیف روایت کی علت بیان کرتے ہیں، مثلاً:

حدیث نمبر ۷۴ میں لکھتے ہیں: رشدین بن سعد لیس بالقوي

حدیث نمبر ۷۰ میں لکھتے ہیں: ابن أبي ثابت لیس بالقوي

حدیث نمبر ۷۵ میں لکھتے ہیں: أبان بن عیاش متروک

حدیث نمبر ۸۴ میں لکھتے ہیں: سعید بن أبي سعید ضعیف

حدیث نمبر ۸۶ پر تبصرہ کرتے ہیں: غریب جداً خالد بن إسمٰعیل متروک

اگر کوئی روایت مرسل ہو تو اس کی وضاحت کر دیتے ہیں، مثلاً: دیکھیے حدیث نمبر ۴۹

۹. امام دار قطنی رحمۃ اللہ علیہ اپنی اس کتاب میں مرفوع کے علاوہ صحابہ (حدیث نمبر ٦٦) اور تابعین کے اقوال بھی باسند لائے ہیں، مثلاً دیکھیے: حدیث نمبر ۵۳

۱۰. بعض احادیث کے صحیح ہونے کا حکم لگاتے ہیں، مثلاً: حدیث نمبر ۸۷ پر لکھتے ہیں: إسنادہ حسن۔ حدیث نمبر ۸۵ پر لکھتے ہیں: ھذا إسناد صحیح۔ نیز دیکھیں حدیث ۹٦۔ بعض دفعہ کئی احادیث پر اکٹھا ہی حکم لگا دیتے ہیں، مثلاً: حدیث نمبر ۱۰۱ سے ۱۰۳ تک کی احادیث کو ان الفاظ میں حکم لگاتے ہیں: ھذہ أسانید صحاح.

۱۱. امام دار قطنی اپنی خاص سند کا لحاظ کرتے ہوئے الگ الگ سند پر حکم لگاتے ہیں۔ اس لیے سنن دار قطنی کے مطالعہ کے دوران کئی ایک متون صحیح بخاری سے ملتے جلتے نظر آئیں گے لیکن ان کی سند جو امام دار قطنی رحمۃ اللہ علیہ کو ملی، اس میں ضعیف یا متروک راوی ہو تو اس کی وضاحت کر دیتے ہیں، حالانکہ اس متن کے کئی اور طرق بھی ہوتے ہیں۔ امام دار قطنی ان کا لحاظ کرتے ہوئے متن حدیث کو صحیح یا حسن قرار نہیں دیتے بلکہ اپنی خاص سند کا لحاظ کرتے ہوئے حکم لگاتے ہیں۔ یہی تحقیق سنن دار قطنی کے محقق شیخ مجدی بن منصور نے پیش کی ہے۔[۱۲]

۲۔ رؤیۃ اللہ یا کتاب الرؤیۃ

۱. امام دار قطنی عقیدے کے اہم مسئلے کہ "قیامت کو مؤمن اللہ کا دیدار کریں گے "کے موضوع پر اپنی اس کتاب میں ۲۸۷ مرفوع باسند احادیث لائے ہیں جن میں اس مسئلے کا اثبات کیا گیا ہے۔ علم حدیث کی اصطلاح میں اس کو 'جزء فی رؤیۃ اللہ' کا نام دینا چاہیے۔

۲. بعض احادیث پر صحت و ضعف کے اعتبار سے حکم بھی لگائے ہیں، مثلاً: پہلی حدیث کے آخر میں لکھتے ہیں: هذا حديث صحيح أخرجه البخاري في صحيحه

۳. بعض احادیث کے آخر میں اسناد کا اختلاف نقل کرتے ہیں، مثلاً: دس نمبر حدیث کے آخر میں سند کا اختلاف نقل کیا ہے۔

۴. فی کتابہ کی وضاحت۔ امام دار قطنی رحمۃ اللہ علیہ اپنی کتاب میں اس روایت کی فی کتابہ کہہ کر وضاحت کرتے ہیں جو شیخ نے اپنی کتاب سے بیان کی ہو گی، مثلاً: دیکھیں حدیث نمبر ۴۸

۵. سند کے شروع میں اپنے شیخ کا نام تفصیل سے لکھتے اور بعض راویوں پر جرح و تعدیل کے لحاظ سے حکم لگاتے ہیں، مثلاً: حدثنا أبوبكر أحمد بن محمد بن إسماعيل الآدمي المقرئ الشيخ الصالح ۔حدیث نمبر:۴۹

۶. امام دار قطنی رحمۃ اللہ علیہ مسانید کے طرز پر صحابہ کرام کے نام سے روایت بیان کرتے ہیں، پھر اس کی مختلف سندوں کو بیان کرتے اور ہر ہر سند کے ساتھ اس کا متن بھی ذکر کر دیتے ہیں۔ مثلاً حدیث ابی سعید الخدری

۷. بعض وہ احادیث جن کو ایک شیخ کے کئی شاگرد بیان کرتے ہیں، ان تمام کے نام لکھتے ہیں اور اگر کوئی راوی اضافہ یا کمی کرتا ہے تو وضاحت کرتے ہیں، مثلاً دیکھیں حدیث نمبر ۷۶

۳۔ کتاب العلل

اس کتاب میں امام دار قطنی رحمۃ اللہ علیہ سے مختلف احادیث کے متعلق سوالات کیے گئے اور آپ نے ان کے جواب دیے۔ یہ کتاب سولہ جلدوں میں مطبوع ہے اور علل حدیث پر مشتمل یہ کتاب ایک عظیم شاہکار ہے اور یہ ساری کتاب امام نے زبانی لکھوائی ہے ۔ والحمدللہ

اس کتاب کی کوئی فقہی ترتیب نہیں، انھی کی مثل شیخ البانی رحمۃ اللہ علیہ کی الصحیحہ اور الضعیفہ ہیں۔ فرق صرف یہ ہے کہ البانی رحمۃ اللہ علیہ نے صحیح اور ضعیف احادیث الگ الگ درج کی ہیں اور یہ دونوں کتب خود لکھی ہیں اور امام دار قطنی رحمۃ اللہ علیہ کی علل میں صحیح اور ضعیف دونوں طرح کی ملی جلی احادیث ہیں اور یہ کتاب انھوں نے زبانی لکھوائی ہے۔

یہ کتاب اپنے فن میں نادر اور عمدہ ہے، اس کی مثل کوئی کتاب نہیں۔ متقدمین نے جو علل پر کتب تالیف فرمائیں ان میں سے علل لابن المدینی، علل و معرفۃ الرجال لاحمد بن

حنبل ،المسند المعلل لیعقوب بن شیبہ ،العلل الکبیر للترمذی ،المسند المعلل للبزار ،العلل لابن ابی حاتم معروف ہیں۔ جب ہم تقابلی مطالعہ کی حیثیت سے ان کتب کا علل الدار قطنی کے ساتھ موازنہ کرتے ہیں تو دار قطنی کی علل ہر لحاظ سے فائق نظر آتی ہے۔ اس بات کا اعتراف حافظ ابن کثیرؒ نے کیا ہے۔[۱۳]

اس کتاب میں احادیث کی ترتیب مسانید کے انداز پر ہے، مثلاً پہلے خلفاے راشدین کی روایات پر بحث پھر دیگر صحابہ کرام کی احادیث پر۔ اس کتاب کے مطالعہ سے معلوم ہوتا ہے کہ امام دار قطنی رحمۃ اللہ علیہ ایک معجزہ تھے جنھیں اللہ تعالیٰ نے خدمتِ حدیث کے لیے پیدا کیا تھا کہ کس طرح زبانی طرق، متون، اور جرح و تعدیل پر بحث کرتے ہیں ۔آج بھی جو انسان اپنے آپ کو خدمتِ حدیث کے لیے وقف کر لے اللہ تعالیٰ اس کو بہت کچھ عطا فرما دیتا ہے۔

۴۔ جزء ابی طاہر

اس جزء میں ۱۶۲ ار احادیث ہیں جن کو امام دار قطنی رحمۃ اللہ علیہ نے ابو طاہر کی سند سے روایت کیا ہے۔ مختلف موضوعات کے متعلق احادیث ہیں۔

۵۔ الالزامات

اس کتاب میں ان احادیث کو جمع کیا گیا ہے جو امام دار قطنی رحمۃ اللہ علیہ کی تحقیق کے مطابق صحیح بخاری یا صحیح مسلم میں ہونی چاہیے تھیں کیونکہ انھی کی مثل احادیث بخاری یا مسلم میں ہیں تو یہ کیوں نہیں۔ اس کتاب کی وجہ تسمیہ خود امام یہی لکھتے ہیں۔[۱۴]

یہ گویا ایک طرح کے الزامات ہیں کہ امام بخاری یا امام مسلم فلاں روایت اپنی اپنی صحیح میں کیوں نہیں لائے، حالانکہ وہ احادیث بھی ان کی بخاری یا مسلم کی مثل تھیں۔

۶۔ التتبع

امام دار قطنی رحمۃ اللہ علیہ نے اس کتاب میں ان روایات کو مورد الزام ٹھہرایا ہے جو صحیح بخاری و صحیح مسلم میں ہیں۔ امام دار قطنی رحمۃ اللہ علیہ کی تحقیق کے مطابق ان میں کوئی نہ کوئی علت ہے۔

نوٹ: امام دار قطنی رحمۃ اللہ علیہ کے یہ دو الگ الگ رسالے ہیں۔ الالزامات الگ ہے اور التتبع الگ لیکن چونکہ ان دونوں کا تعلق صحیح بخاری اور صحیح مسلم سے ہے، اس لیے محدثین نے ان دونوں کو ایک جگہ جمع کر دیا ہے۔ بخاری و مسلم یا صحیح بخاری یا صحیح مسلم کی ۲۱۸ روایات کو معلول قرار دیا ہے۔ یاد رہے امام دار قطنی رحمۃ اللہ علیہ کے ان اعتراضات کے جوابات محدثین نے دے دیے ہیں، مثلاً حافظ ابن حجر عسقلانی رحمۃ اللہ علیہ نے ہدی الساری میں اور شیخ مقبل نے الالزامات والتتبع کے حاشیے میں ... جزاہما اللہ خیرًا، اور راقم نے اپنی کتاب شرح صحیح مسلم میں بھی بعض مقامات پر اعتراضات کے جوابات دیے ہیں۔ امام دار قطنی رحمۃ اللہ علیہ کے ان اعتراضات میں کوئی وزن نہیں اور ان میں بھی حق امام بخاری رحمۃ اللہ علیہ اور امام مسلم رحمۃ اللہ علیہ کے ساتھ ہے۔ یعنی صحیح بخاری اور صحیح مسلم کی تمام مسند احادیث صحیح ہیں اور اسی پر امت کا اتفاق ہے۔

۷۔ غرائب مالک

اس کتاب میں امام دار قطنی رحمۃ اللہ علیہ نے موطا امام مالک رحمۃ اللہ علیہ سے ان روایات کو جمع کیا ہے جو منفرد اور غرائب سے ہیں اور ان روایات پر جرح و تعدیل کے لحاظ سے بحث کی ہے۔

۸۔ فضائل الصحابہ

فضائل صحابہ پر ایک اچھوتے انداز میں لکھی ہوئی کتاب ہے جس پر امام دار قطنی رحمۃ اللہ علیہ کو سبقت حاصل ہے۔ اس میں امام دار قطنی رحمۃ اللہ علیہ نے سیدنا ابو بکر صدیق

کی تعریف سیدنا علی اور ان کی اولاد سے ثابت کی ہے۔ یہ کتاب ان لوگوں کی زبردست تردید ہے جو صراطِ مستقیم سے دور ہیں۔ سیدنا ابو بکر صدیق کی، سیدنا علی کی زبانی تعریف پر امام دار قطنی ۲۱۰/ احادیث و آثار لائے ہیں۔ جبکہ سیدنا علی کے بیٹوں اور ان کے اہل و عیال کی زبانی، سیدنا ابو بکر صدیق کی تعریف کے متعلق امام دار قطنی ۶۰/ احادیث و آثار لائے ہیں بس یہ کتاب اسی پر مکمل ہو جاتی ہے۔ اس میں کل ۸۰ احادیث و آثار بیان کی گئی ہیں۔

۹۔ کتاب الصفات

اس کتاب میں امام دار قطنی رحمۃ اللہ علیہ نے ان احادیث کو جمع کیا ہے جن کا تعلق اللہ تعالیٰ کی صفات کے ساتھ ہے۔ ہر ہر صفت کو باسند مرفوع احادیث سے ثابت کیا ہے۔ والحمد للہ

۱۰۔ النزول

اس کتاب میں امام دار قطنی رحمۃ اللہ علیہ نے ۸۷ احادیث سے ثابت کیا ہے کہ اللہ تعالیٰ آسمان دنیا کی طرف رات کے آخری تہائی حصے میں اُترتے ہیں۔ محدثین کی زندگیاں اللہ تعالیٰ اور محمد رسول اللہ صلی اللہ علیہ وسلم کے لیے وقف تھیں اور انھوں نے کس قدر محنت سے اللہ تعالیٰ کی صفات پر الگ الگ کتب تالیف فرمائیں۔ فجزاھم اللہ خیرًا

اس کتاب میں مسانید کے انداز سے احادیث جمع کی گئی ہیں۔ سب سے پہلے وہ سیدنا علی کی احادیث لائے ہیں پھر سیدنا جبیر بن مطعم کی، پھر دیگر صحابہ کرام کی۔

۱۱۔ سوالات البرقانی، ۱۲۔ سوالات الحاکم اور ۱۳۔ سوالات السلمی

ان تینوں کتابوں میں امام برقانی، امام حاکم اور امام سُلمی رحمۃ اللہ علیہم نے جو جو اپنے استاد امام دار قطنی رحمۃ اللہ علیہ سے سوالات کیے، ان کو جمع کر دیا ہے۔ اس کی تفصیل پیچھے گزر چکی

ہے۔

۱۴۔ المو تلف والمختلف فی اسماء الرجال

اس کتاب میں ان رواۃ کے نام یا القاب یا انساب شامل کیے گئے ہیں جو صورت خطی میں ایک جیسے اور تلفظ کے لحاظ سے مختلف ہوں مثلاً مِسوَر اور مُسَوِّر۔

نوٹ: اُستاد محترم شیخ ارشاد الحق اثری حفظہ اللہ نے امام دار قطنی رحمۃ اللہ علیہ پر ایک کتاب تالیف کی ہے، افسوس کہ اس مضمون کو لکھتے وقت میرے سامنے وہ کتاب نہیں تھی۔ آئندہ شمارے میں امام بیہقی رحمۃ اللہ علیہ کے حالات اور ان کی کتبِ حدیث کا منہج پیش کیا جائے گا۔ ان شاء اللہ!

حوالہ جات

[۱] تاریخ بغداد ج ۱۲ ص ۴۰، ۳۹ ترجمہ: ۶۴۰۴

[۲] تذکرۃ الحفاظ ج ۳ ص ۹۸۹، تاریخ دمشق: ج ۱۲/ ۲/ ۲۴۱/ ۱

[۳] تاریخ بغداد: ج ۱۲ ص ۳۶

[۴] تاریخ بغداد: ج ۱۲ ص ۳۴

[۵] سیر اعلام النبلاء: ج ۱۶ ص ۴۴۹

[۶] السیر: ج ۱۶ ص ۴۵۷

[۷] الاعلان بالتوبیخ: ۱۶۵

[۸] تاریخ بغداد: ج ۱۲ ص ۳۷

[۹] تاریخ بغداد: ج ۱۲ ص ۴۰

[۱۰] السیر: ج ۱۱ ص ۴۳

[۱۱] جس طرح پہلے محدثین کے شاگرد اپنے شیوخ کو بہت ہی اہمیت دیتے اور ان

سے جو سوالات کرتے ان کو کتابی صورت میں جمع کرتے ، بالکل اسی طرح ہمارے زمانے میں امام العصر شیخ البانی کے شاگردوں نے بھی شیخ محترم کا بہت احترام کیا اور ان سے جو سوالات کیے ان کو کتابی شکل میں محفوظ کیا، الحمدللہ۔ راقم کے ناقص مطالعہ کے مطابق ابو اسحٰق الحوینی ، علی حسن الحلبی ، ابن ابی العینین حفظہ اللہ کے سوالات مطبوع ہیں اور عقیدے و منہج میں تو کئی جلدوں پر مشتمل شیخ البانی کی کتب شائع ہو چکی ہیں، ان میں بھی بے شمار سوالات کے جوابات محفوظ ہیں لیکن افسوس کہ برصغیر میں اساتذہ کے جوابات کو کتابی شکل میں جمع نہیں کیا جاتا، شاید یہاں علم کے قدر دان کم ہیں ۔ راقم نے اپنے تمام شیوخ سے اب تک جو کچھ سوال کیے وہ سؤالات ابن بشیر الحسینوی لشیوخنا الکرام کے نام سے تحریری طور پر محفوظ ہیں اور مزید اضافہ جاری ہے ۔ یسّر اللہ لنا طبعہ

[۱۲] مقدمہ تحقیق سنن الدارمی ج۱ ص۴

[۱۳] اختصار علوم الحدیث: ص ۶۵،۶۴

[۱۴] الالزامات والتتبع: ص ۶۴

(۳) امام طبریؒ اور ان کی کتب حدیث کا منہج

ابن بشیر حسینوی

اللہ تعالیٰ نے اپنے برگزیدہ بندوں سے اپنے دین حنیف کی خدمت کا کام لیا اور بعض کو اپنے دین کے لئے خاص کر لیا جن کی زندگی کا اوڑھنا بچھونا قرآن وحدیث کو عام کرنا تھا۔ اُنھی چنیدہ افراد میں سے ایک ہمارے ممدوح امام طبرانی رحمۃ اللہ علیہ بھی ہیں۔ ان کے حالات اور ان کی کتب حدیث کا تعارف واُسلوب (منہج) پیش خدمت ہے۔ امام طبرانی رحمۃ اللہ علیہ کے حالات کے لیے تاریخ اصبہان، جزء فیہ ذکر الامام الطبرانی، سیر اعلام النبلاء، تذکرۃ الحفاظ اور المعجم الصغیر وغیرہ سے استفادہ کیا گیا ہے۔

مکمل نام: ابو القاسم سلیمان بن احمد بن ایوب بن مطیر تاریخ پیدائش: صفر ۲۶۰ھ [۱]

جائے پیدائش: آپ شام کے قصبہ عکاء میں پیدا ہوئے۔ امام طبرانی رحمۃ اللہ علیہ خود لکھتے ہیں:

((حدثنا أحمد بن عبد الله اللحياني العكاوي، بمدينة عكاء سنة خمس وسبعين ومئتين)) (حدیث نمبر:۸۳۹)

اس سے ثابت ہوا کہ امام طبرانی پندرہ سال کی عمر میں سماعِ حدیث کر چکے تھے کیونکہ امام صاحب کی تاریخ ولادت ۲۶۰ھ ہے۔ ۲۷۵ھ میں آپ کی عمر ۱۵ سال ہوئی، آپ کی کل عمر ۱۰۰ سال تھی۔ نیز اس سے حافظ ذہبی کی بات کی تائید بھی ہوتی ہے کہ آپ عکاء میں پیدا ہوئے اور عموماً ۱۵ سال تک انسان اپنے شہر کے شیوخ سے ہی علم

حاصل کرتا ہے۔

یہ بھی ثابت ہوا کہ عکاء بستی نہیں بلکہ شہر ہے۔ عکاء سے طبریہ کی مسافت دو دن میں طے ہوتی تھی، یہ اُردن کے قریب واقع ہے۔ عمر کا اکثر حصّہ آپ یہاں ہی رہے لیکن آخر عمر میں آپ نے اصفہان میں مستقل سکونت اختیار کی۔ یاد رہے کہ امام طبرانی 'طبریہ' کی طرف منسوب ہیں، طبرستان کی طرف نہیں جبکہ مشہور مؤرخ ابن جریر طبری طبرستان سے نسبت رکھتے ہیں۔[۲]

اولاد: ایک بیٹا تھا جس کا نام محمد تھا جس کی کنیت ابوذر تھی اور ایک بیٹی جس کا نام فاطمہ تھا۔[۳]

اساتذہ و تلامذہ

آپ نے ایک ہزار سے زیادہ شیوخ سے اُستفادہ کیا جن میں چند کے نام یہ ہیں: امام نسائی، امام ابوزرعہ دمشقی اور احمد بن معلی وغیرہ۔ المعجم الصغیر میں تحقیق کے مطابق امام طبرانی نے بغداد کے ۶۲ شیوخ سے فائدہ اٹھایا۔

آپ کے تلامذہ کی فہرست بھی خاصی طویل ہے، چند کے نام یہ ہیں: ابن عمید ،صاحب بن عباد۔ یہ دونوں اپنے دور کے وزیر بھی تھے۔ ان کے علاوہ محمد بن حسین بسطامی، ابن عقدہ، اور محمد بن احمد جارودی وغیرہ۔ ابوالعباس احمد بن منصور کہتے ہیں میں نے طبرانی سے تین لاکھ حدیثیں سنی ہیں، اس سے ان کی وسعتِ روایت کا اندازہ ہوتا ہے۔

علمی اَسفار

امام طبرانی ۱۳ برس کے تھے کہ تحصیل علم میں میں مشغول ہوئے، پہلے آپ نے اپنے آبائی وطن طبریہ میں اصحابِ علم و فضل سے استفادہ کیا۔ ۲۷۴ھ میں بیت المقدس

کی طرف سفر کیا اور وہاں کے محدثین سے فائدہ اُٹھایا۔ پھر ۲۷۵ھ میں قیساریہ تشریف لے گئے اس کے بعد اُنھوں نے حمص ، جبلہ ، مدائن، شام، مکہ ، مدینہ، یمن ، مصر ، بغداد، کوفہ بصرہ ، جزیرہ ، فارس اور اصفہان وغیرہ کی طرف سفر کرکے اپنی علمی پیاس بجھائی۔[۴]

امام طبرانی رحمۃ اللہ علیہ کے رحلاتِ علمیہ کی مختصر داستان اس طرح ہے:

۲۷۳ھ کو سماع حدیث شروع کیا، اس وقت آپ کی عمر ۱۳ سال تھی۔

۲۷۴ھ کو بیت المقدس کی طرف سفر کیا، اسی سال رملہ گئے اور واپس عکا آئے۔

۲۷۵ھ میں عکا میں سماع حدیث کیا۔

۲۷۷ھ میں طبریہ میں ٹھہرے۔

۲۷۸ھ میں مدائن کی طرف متوجہ ہوئے اور حمص ، حلب، طرطوس ، سنجار ، مِصّیصہ پہنچے۔

۲۷۹ھ میں جَبَلہ پہنچے اور اسی سال دمشق گئے۔

۲۸۰ھ میں آپ مصر گئے۔

۲۸۲ھ میں آپ نے سمندری سفر کیا اور یمن کے علاقے شبام پہنچے۔

۲۸۳ھ کو آپ نے حج کیا، مکہ اور مدینہ کے محدثین سے فائدہ اٹھایا۔

۲۸۴ھ کو آپ یمن کے علاقے صنعاء پہنچے۔

۲۸۵ھ کو آپ مصر پہنچے، ۲۸۷ھ میں بغداد آئے، ۲۸۸ھ تک وہاں کے محدثین سے علم حاصل کیا۔

آپ کی عمر ۳۳ سال ہوگئی اور ۲۹۰ھ کو آپ اصفہان پہنچے۔ پھر فارس کا سفر کیا۔

۳۱۰ھ یا ۳۱۱ کو پھر آپ واپس اصفہان آئے اور اسی کو اپنا مسکن بنالیا اور ۳۶۰ھ

یعنی وفات تک یہاں ٹھہرے۔

المعجم الصغیر سے امام طبرانی کے علمی سفر پر روشنی پڑتی ہے، جس میں ان شہروں میں ان کے اساتذہ کے ناموں کا بھی علم ہوتا ہے۔ اس کے لیے ان احادیث کی اسناد کا ترتیب وار مطالعہ کریں۔ ۵، ۲۰۹، ۹۸، ۶۵۹، ۱۸، ۷، ۱۱۰۱، ۱۰، ۸، ۲، ۴، ۱، ۹۷۵، ۶۸۰، ۹۵۲، ۲۱۳، ۶۵۲، ۲۲۲، ۱۱۰۰، ۲۱۶، ۱۰۱، ۲۱۱، ۱۰۱۴، ۷۶۳، ۶۱، ۶۵۵، ۲۴۵، ۶۹۷، ۹۱۱

محدثین کے ہاں مقام و مرتبہ

امام موصوف اپنے دور کے عظیم محدثین کی آنکھوں کا تارہ تھے۔ معاصرین اور متاخرین ان کی تعریف میں رطب اللسان نظر آتے ہیں۔ چند ایک کی گواہیاں پیش خدمت ہیں:

ابراہیم بن محمد بن حمزہ نے کہا: میں نے ان سے بڑا کوئی حافظ نہیں دیکھا۔

حافظ ذہبی فرماتے ہیں کہ وہ: ضبط و ثقاہت اور صدق وامانت کے ساتھ بڑے عظیم رتبہ پر فائز اور عالی شان محدث تھے۔ اور ذہبی نے ہی انھیں الامام العلامہ، اور مسند الدنیا کہا ہے۔ ابن عماد نے انھیں مسند العصر کہا۔[۵]

امام طبرانی رحمۃ اللہ علیہ حافظ ذہبی کی نظر میں

حافظ ذہبی لکھتے ہیں:

هوالإمام الحافظ الثقة الرحال الجوال محدث الإسلام علم المعمرين[٦]

حافظ ذہبی کی تحقیق کے مطابق امام طبرانی رحمۃ اللہ علیہ نے عالم اسلام کے محدثین سے سولہ سال میں علم حاصل کیا، جبکہ راقم نے جب تتبع کیا تو المعجم الصغیر سے جو امام طبرانی رحمۃ اللہ علیہ نے مختلف محدثین سے روایت بیان کرتے وقت خود تاریخیں لکھی ہیں ان

میں سے آخری تاریخ ۲۹۵ھ ہے۔ آپ نے اصفہان میں اپنے شیخ محمد بن اسد اصبہانی سے روایت کیا۔[۷] اور حافظ ذہبی کے مطابق انھوں نے سماعِ حدیث کی ابتدا ۲۷۳ھ کو کی اور باقاعدہ سفر ۲۷۵ھ کو شروع کیا، حالانکہ ۲۷۴ھ کو انھوں نے بیت المقدس میں سماع حدیث کیا۔[۸] اگر ۲۷۵ سے ابتدا اور ۲۹۵ھ کو رحلۃ علمیہ کا اختتام لیں تو بیس سال بنتے ہیں نہ کہ سولہ۔ یہاں یہ بھی یاد رہے کہ انھوں نے ۲۷۴ھ میں بیت المقدس کے اساتذہ / شیوخ سے احادیث لی تھیں جو تین شیوخ ہیں: احمد بن مسعود الخیاط[۹]، احمد بن عبید بن اسماعیل الفریابی[۱۰]، عبد اللہ بن محمد بن مسلم الفریابی[۱۱]

امام ابن مندہ اور حافظ ذہبی کی تحقیق کے مطابق امام طبرانی نے اپنا وطن اصفہان کو بنایا اور ساٹھ سال وہاں ٹھہرے۔[۱۲] واللہ اعلم۔ آپ ۲۹۰ھ میں پہلی دفعہ اصفہان آئے، پھر فارس کا سفر کیا، پھر ۳۱۰ھ یا ۳۱۱ کو دوبارہ اصفہان آئے۔[۱۳] امام ابن مندہ کی تحقیق کے مطابق امام طبرانی ایک دفعہ اصفہان آئے تھے، پھر چلے گئے اور چودہ سال بعد پھر اصفہان آئے۔[۱۴]

امام ابن مندہ نے امام طبرانی رحمۃ اللہ علیہ کے مستند حالات پر ایک رسالہ لکھا جس میں لکھتے ہیں کہ

"اللہ تعالیٰ نے اہل اصفہان پر فضل اور احسان کیا کہ ان میں امام طبرانی جیسے عظیم محدث کو رہنے کی توفیق عطا فرمائی۔"[۱۵]

تصنیفات

المعجم الکبیر (۲۰۰ جلدیں) المُعجم الاَوسَط (۲۴ جلدیں)

المُعجم الصَّغیر (۷ جلدیں) مُسند العَشرَۃ (۳۰ جلدیں)

مُسند الشامیین (۱۰ جلد) کتاب النَّوادِر (۱۰ جلدیں)

كتاب معرفَة الصَّحَابَة الْفَوَائِد (۱۰ جلدیں)
مُسْند أبي هُرَيْرَة مُسْند عَائِشَة رَضِي الله عَنْهَا
مُسْند أبي ذَر الْغِفَارِيّ (۲ جلدیں) کتاب التَّفْسِير
كتاب مسانيد تَفْسِير بكر بن سهل كتاب دَلَائِل النُّبُوَّة (۱۰ جلدیں)

کتاب الدُّعَاء (۱۰ جلدیں) کتاب السّنة (۱۰ جلدیں)
کتاب الطوالات (۳ جلدیں) کتاب الْعلم
كتاب وَصِيَّة النَّبِي ﷺ وَصِيَّة النَّبِي لأبي هُرَيْرَة
كتاب ذكر الْخلَافَة لأبي بكر وَعمر كتاب جَامع صِفَات النَّبِي ﷺ
كتاب فَضَائِل الْعَرَب وَعُثْمَان وَعلي مقتل الْحُسَيْن بن عَليّ
كتاب نسب النَّبِي ﷺ وَصفَة الْخُلَفَاء كتاب انسابهم واسمائهم وَكُنَاهُمْ

امام طبرانی کی تصانیف سو سے زائد ہیں جن میں فضائل، مسانید اور فقہی موضوعات پر احادیث کو جمع کیا گیا ہے۔ امام صاحب اپنی زندگی میں مرجع خلائق تھے اور وفات کے بعد ان کی کتب مرجع ثابت ہوئیں۔ امام طبرانی کی زندگی میں یا ان کی وفات کے بعد سے لے کر اب تک جو بھی کام حدیث اور علوم حدیث پر ہو رہے ہیں کوئی کتاب ایسی نہیں جس میں امام الدنیا امام طبرانی کا ذکر خیر نہ ہو۔ آپ جو کتبِ حدیث، کتبِ رجال، کتبِ علل، کتبِ علوم حدیث، کتبِ تخریج، کتب شروح حدیث اور کتبِ تفسیر اٹھائیں، سب میں امام طبرانی کا ذکر ضرور ملتا ہے۔

وفات کا سبب

آپ بڑے غیرت مند انسان تھے، دین پر کسی سے کوئی سمجھوتہ نہیں کرتے تھے بلکہ دوٹوک انداز میں قرآن وحدیث کی ترجمانی کرتے تھے۔ یہی دینی حمیت بعض فرقِ

باطلہ کو اچھی نہ لگی اور انھوں نے آپ پر جادو کروادیا جس سے آپ کی آنکھوں کی بصارت جاتی رہی اور آپ نے بروز شنبہ ۲۸ ذوالحجہ ۳۶۰ھ کو سو سال کی عمر میں وفات پائی۔ آپکی نمازِ جنازہ امام ابونعیم اصبہانی نے پڑھائی اور صحابی رسول حممہ بن حممہ کی قبر کے پہلو میں دفن ہوئے۔[۱۶]

امام طبرانی ۳۶۰ھ بروز ہفتہ فوت ہوئے اور اتوار کو 'جی' شہر کے دروازے المعروف بتیرہ دفن ہوئے۔[۱۷]

امام طبرانی کی تالیفاتِ حدیث اور ان کا اُسلوب

محدثین کی اصطلاح میں مُعجَم ان کتابوں کو کہا جاتا ہے جن میں شیوخ کی ترتیب پر حدیثیں درج کی گئی ہیں۔

المعجَم الکبیر: اس میں صحابہ کرام کی ترتیب پر ان کی مرویات شامل کی گئی ہیں۔ اور اس میں مشہور صحابی حضرت ابوہریرہ (م ۵۷ھ) جن کی مرویات کی تعداد ۵۳۶۴ ہے، اس میں شامل نہیں ہیں۔ یہ کتاب ۱۲ جلدوں میں ہے اور اس میں ۶۰ ہزار احادیث جمع کی گئی ہیں۔

المعجم الأوسط: اس کتاب کو بھی امام طبرانیؒ نے شیوخ کے ناموں پر مرتب کیا ہے، اس کی ترتیب و تالیف میں امام صاحب نے بڑی کاوش اور محنت کی۔ آپ کو یہ کتاب بہت عزیز تھی، اس کتاب سے امام صاحب کی حدیث میں فضیلت و کمال اور احادیث سے کثرتِ واقفیت کا پتہ چلتاہے۔ یہ کتاب ۶ ضخیم جلدوں میں ہے۔

یہ معجم شیوخ کے اعتبار سے ہے۔ ہر شیخ سے امام طبرانیؒ عجیب و غریب روایات لائے ہیں۔ یہ دار قطنی کی 'الافراد' کی مثل ہے، امام طبرانی اس کتاب کے متعلق کہا کرتے تھے کہ اس میں میری روح ہے، یعنی یہ کتاب انھیں بہت ہی پسند تھی۔

یہ کتاب گم شدہ کتب میں سے تھی لیکن اللہ تعالیٰ نے اس کا مکمل قلمی نسخہ ترکی سے میسر فرما دیا۔ اس عظیم کتاب کو منظر عام پر لانے کا کریڈٹ اللہ تعالیٰ کی توفیق و نصرت کے بعد سید صبحی بدری سامرائی کو جاتا ہے، جزاہ اللہ خیرًا۔ اس کی سب سے پہلے تحقیق ڈاکٹر محمود طحان نے تحقیق کی اور تین جلدیں شائع کیں اور باقی کا وعدہ کیا۔ لیکن وہی ہوتا ہے جو اللہ تعالیٰ کو منظور ہو، باقی اجزا کی وہ تحقیق نہ کر سکے اور جن تین اجزا کی تحقیق کی تھی، اس کو بھی محققین اور اہل علم نے زیادہ پسند نہ کیا کیونکہ اس میں بہت زیادہ تحریف ، تصحیف اور سقط رہ گیا تھا حالانکہ اس طرح کی کمزوریوں سے کتاب کو منزہ ہونا چاہئے اور ہر صاحب علم جانتا ہے کہ ان مذکورہ خامیوں کا کتاب کے نقائص میں کتنا عمل دخل ہے ۔ پھر اللہ تعالیٰ جزائے خیر عطا فرمائے محدث العصر ابو اسحٰق الحوینی حفظہ اللہ کو کہ انھوں نے فضیلۃ الشیخ محقق طارق بن عوض اللہ مصری کو توجہ دلائی کہ آپ المعجم الاوسط پر کام کریں، پھر طارق بن عوض اللہ کی نگرانی میں ایک ٹیم نے اس کتاب پر محنت کی اور تحقیق کا حق ادا کر دیا۔

امام طبرانی رحمۃ اللہ علیہ نے علم کے حصول میں مسلسل بیس سال محنت کی اور علم کی شاہراہ پر چل کر غرائب، افراد اور فوائد جمع کئے۔ المعجم الاوسط کا مقام و مرتبہ بجا ہے۔ شیخ ابو اسحٰق الحوینی حفظہ اللہ نے اس پر کچھ تعاقب عوذ الجاني بتسديد الأوهام الواقعة في أوسط الطبراني کے نام سے کیا ہے جو لائق مطالعہ ہے۔

منہج کتاب: امام طبرانی رحمۃ اللہ علیہ کی عظیم الشان فوائد پر مشتمل یہ کتاب ہے، اس میں انھوں نے اپنے مشائخ کی وہ تمام مرویات جمع کر دی ہیں جو خود سنی ہیں۔ شیوخ کی ترتیب حروف تہجی والی قائم کی ہے۔ اس کتاب میں درج ذیل منہج اختیار کیا گیا ہے:

الف) امام طبرانی اپنی اس کتاب میں عجیب و غریب معلومات لکھتے ہیں جیسا کہ

• ایک راوی کے بارے میں ابو مروان عثمانی کہتے ہیں کہ جب میں نے ان سے حدیث سنی اس وقت ان کی عمر ایک سو بارہ سال تھی۔ (حدیث نمبر: ۱۰۳۶)

• ابو عمرو زیاد بن طارق کے متعلق لکھا ہے کہ جب اُن سے عبید اللہ بن رماحس نے بیان کیا تو اس وقت ان کی عمر ایک سو بیس سال تھی۔ (حدیث نمبر: ۴۶۳۰)

• کثیر النواء اپنے شیخ ابو مریم انصاری کے بارے میں کہتے ہیں کہ جب میں نے ان سے حدیث بیان کی تو اس وقت ان کی عمر ایک سو پچاس سال تھی۔ (حدیث نمبر: ۵۰۸۱)

ب) امام طبرانی راوی کی نسبت کی وجہ تسمیہ بھی لکھتے ہیں۔ مثلاً ایک راوی ابو مالک الصفی ہیں۔ ان کو الصفی کہنے کی وجہ تسمیہ یہ بتاتے ہیں کہ ابو بکر بن صدقہ نے کہا کہ اُنھوں نے بصرہ مسجد میں پچاس سال تک پہلی صف میں نماز کی پابندی کی۔ (حدیث: ۱۳۷۴)

ج) اسی طرح امام طبرانی رحمۃ اللہ علیہ جب بھی کسی شیخ کی احادیث کو شروع کرتے ہیں تو اس کا مفصل نام لکھتے ہیں، پھر اس کے نام، والد اور نسبت کو بیان کرتے ہیں۔ (حدیث: ۳۰)، اور بعض دفعہ صرف شیخ کے نام پر ہی اکتفا کرتے ہیں۔ (حدیث: ۳۱)

مثلاً پہلی روایت اس طرح ذکر کرتے ہیں:

حدثنا أحمد بن عبد الوهاب بن نجده الحوطي

بعد میں صرف احمد بن عبد الوہاب پر اکتفا کرتے ہیں اور کبھی صرف احمد کو کافی سمجھتے ہیں۔

المعجم الصغیر اور اس کا اُسلوب

اس کی ترتیب بھی شیوخ کے ناموں پر ہے اور اس میں ایک ہزار سے زیادہ شیوخ کی ایک ایک حدیث جمع کی ہے۔ یہ ۱۳۱۱ھ میں مطبع انصاری دہلی سے شائع ہوئی۔

الف) امام طبرانیؒ ہر روایت کے آخر میں تفرد کی وضاحت ضرور کرتے ہیں مثلاً تفرد بہ معلیٰ بن عبدالرحمٰن اور تمام احادیث کے آخر میں اس طرح کی وضاحتیں موجود ہیں۔ تاہم بعض احادیث کے آخر میں تفرد کی وضاحت نہیں، مثلاً دیکھئے حدیث: ١٤٤، ١٢، ٧۔

امام طبرانیؒ کے اس انداز پر محدث العصر ابو اسحاق الحوینی نے تنقید کی ہے اور اپنی ١٩ جلدوں کی لاجواب کتاب "تنبیہ الہاجد إلى ما وقع من النظر في كتب إلا ماجد" میں اس کو تنقید کا نشانہ بنایا ہے اور تفرد کے وہم کو زائل کرتے ہوئے مزید اس کے توابع لکھے ہیں۔ اس کتاب کے مطالعہ سے قاری شیخ الحوینی حفظہ اللہ کی سندِ حدیث پر دقت نظر کا اعتراف کئے بغیر نہیں رہ سکے گا۔ واضح رہے کہ بعض عرب علماء شیخ الحوینی کے اس نقطہ نظر سے کلی اتفاق نہیں کرتے۔

ب) امام طبرانیؒ بعض احادیث پر صحت و ضعف کے لحاظ سے حکم لگاتے ہیں، مثلاً ایک حدیث کی دو سندیں بیان کرنے کے بعد لکھتے ہیں: "وهما صحيحان" (بعد حدیث: ١٧٥)

ج) امام طبرانیؒ کبھی کبھی کنیت سے معروف راویوں کے اصل نام بھی لکھتے ہیں بلکہ بسا اوقات اس کے اصل نام کے ثبوت کے لئے اس کو باسند پیش کرتے ہیں مثلاً مشہور صحابی ابو ثعلبہ خشنی کے اصل نام کی وضاحت کے لئے سند لکھتے ہیں:

حدثنا أبو زرعة عبد الرحمٰن بن عمرو الدمشقي، حدثنا حيوة بن شريح، قال سمعت بقية بن الوليد، يقول اسم أبي ثعلبة الخشني: لاشومة بن جرثومة. (بعد حدیث: ١٧٠)

د) امام طبرانیؒ اپنے شیوخ کا مکمل نام لکھنے کی کوشش کرتے ہیں تاکہ محقق اور قاری کسی وہم میں مبتلا نہ ہو جائے۔ اس سے بھی امام طبرانیؒ کی احتیاط کا اندازہ

ہوتا ہے کہ وہ جس بھی شیخ سے حدیث لیتے، اس کا مکمل نام تفصیل کے ساتھ ضرور لکھتے ،لکھنے کے بعد اس کو محفوظ رکھتے۔ ایک جگہ لکھتے ہیں:

حدثنا محمد بن عبد الرحيم بن بحير بن عبد الله بن معاوية بن بحير بن ريشان الحميرى (حدیث:۹۷۳)

ہ) امام طبرانی رحمۃ اللہ علیہ بسا اوقات اپنے شیخ سے جس شہر میں روایت سنتے ہیں، اس کی وضاحت بھی کرتے ہیں مثلاً لکھتے ہیں: حدثنا يحيٰى بن محمد الجباني البصرى، ببغداد (حدیث:۱۷۴)

ایک جگہ لکھتے ہیں: حدثنا إبراهيم بن موسى النورى، ببغداد (حدیث:۳۴۰)

و) امام طبرانی رحمۃ اللہ علیہ بسا اوقات یہ بھی بتاتے ہیں کہ میں نے یہ حدیث اپنے شیخ سے کس سال سنی۔ اس سے امام طبرانی کے حالاتِ زندگی کی وضاحت ہوتی ہے کہ کس سال وہ کہاں تھے؟ بعض اوقات اس سے بڑی اہم باتوں کا علم ہوتا۔ امام طبرانی لکھتے ہیں:

((حدثنا أحمد بن عبد الله اللحياني العكاوي، بمدينة عكاء سنة خمس وسبعين ومئتين)) (حدیث:۸۳۹)

اس سے پتہ چلتا ہے کہ امام طبرانی رحمۃ اللہ علیہ پندرہ سال کی عمر میں سماع حدیث کر چکے تھے اور کتابت حدیث میں آپ کے اہتمام واحتیاط کا بھی پتہ چلتا ہے۔ یہ بھی علم ہوتا ہے کہ آپ عکاء میں پیدا ہوئے۔ اور عکاء بستی کے بجائے ایک شہر کا نام ہے۔

ز) امام صاحب روایت حدیث کے بعد في كتابهکی وضاحت بھی کرتے ہیں جس کا مطلب ہے کہ شیخ نے اس حدیث کو اپنی کتاب سے بیان کیا تھا۔ مثلاً لکھتے ہیں:

حدثنا إبراهيم بن إسحق الحربي في كتابه (حدیث:۹۲۰)

ح) امام بسا اوقات مختلف فیہ مسائل میں بھی اپنے رائے کا اظہار کرتے ہیں مثلاً

ایک حدیث ہے کہ رسول اللہ ﷺ نے فرمایا: اے بنی عبدِ مناف، اے بنی عبد مطلب !اگر تم اس معاملہ کے ذمہ دار بنو تو خانہ کعبہ کا طواف کرنے والے کسی بھی شخص کو رات اور دن کے کسی بھی حصے میں نماز پڑھنے سے منع نہ کرنا۔ امام طبرانی اس حدیث میں بیان کئے گئے فقہی مسئلہ کے متعلق لکھتے ہیں:

يعني الركعتين بعد الطواف السبع أن يصلى بعد صلاة الصبح قبل طلوع الشمس وبعد صلاة العصر قبل غروب الشمس وفي كل النهار. (حدیث:۱۸۴)

"آپ ﷺ کی مراد سات چکر طواف کے بعد کی دو رکعتوں سے ہے کہ وہ فجر کی نماز کے بعد طلوع آفتاب سے پہلے اور عصر کی نماز کے بعد غروب سے پہلے اور اسی طرح دن کے ہر حصہ میں پڑھی جا سکتی ہیں۔"

ط) بعض دفعہ شبہات کا بھی ازالہ کرتے ہیں، ایک حدیث کے بعد لوگوں کا شبہ ذکر کرتے ہیں کہ "ہم لوگ دعائیں کرتے ہیں مگر وہ قبول نہیں ہوتیں۔" پھر اس کا جواب دیتے ہوئے لکھتے ہیں کہ: گویا یہ اعتراض اللہ تعالیٰ پر ہے کیونکہ اس نے خود فرمایا ہے اور یقیناً اس کی بات برحق ہے، کیونکہ اللہ تعالیٰ نے فرمایا: ﴿ ادْعُوْنِيْ اَسْتَجِبْ لَكُمْ ﴾[۱۸]

نیز فرمایا: ﴿وَ اِذَا سَاَلَكَ عِبَادِيْ عَنِّيْ فَاِنِّيْ قَرِيْبٌ اُجِيْبُ دَعْوَةَ الدَّاعِ اِذَا دَعَانِ ﴾ [۱۹]

"اور جب میرے بندے تم سے میرے متعلق پوچھیں تو انھیں بتادو کہ میں ان کے نزدیک ہوں اور پکارنے والے کی پکار کا جواب دیتا ہوں۔"

پھر اس شبہ کے جواب میں ایک حدیث بھی لے کر آئے ہیں۔[۲۰]

ز امام طبرانی رحمۃ اللہ علیہ بعض احادیث کو اپنی دیگر کتب مثلاً المعجم الکبیر یا المعجم الاوسط سے

بیان کر دیتے ہیں مثلاً دیکھئے المعجم الکبیر کی احادیث

(الکبیر: ج ۲۳ / ص ۴۳۳، الصغیر: ۵۹۳)(الکبیر: ج ۲۳ / ص ۳۹۳، الصغیر: ۵۷۳)

(الکبیر: ج ۲۵ / ص ۱۰۲، الصغیر: ۴۹۸)(المعجم الاوسط: ۱۳۴۲، الصغیر: ۷۵۵)

معاجم ثلاثہ کے اُسلوب کا موازنہ

المعجم الکبیر صحابہ کرام کی ترتیب سے ان سے مروی احادیث جمع کی ہیں لیکن اس میں سیدنا ابو ہریرہ کی مسند نہیں ہے، کیونکہ وہ ان کی الگ مسند لکھنا چاہتے تھے۔ اسی طرح بکثرت روایت کرنے والے صحابہ کی تمام روایات کا احاطہ نہیں کیا۔ صحابی کی روایات ذکر کرنے سے پہلے اس کے حالات باسند ذکر کئے ہیں۔ سیرتِ صحابہ ﷺ کی مستند / باسند کتاب المعجم الکبیر سے الگ کی جا سکتی ہے۔ پھر ان سے مروی احادیث بیان کی ہیں۔

جبکہ المعجم الاوسط میں شیوخ سے جتنی بھی مرویات ملیں، وہ تمام بیان کر دی گئی ہیں۔

المعجم الصغیر میں صرف ایک شیخ سے ایک ہی حدیث بیان کی ہے، دیکھیں (سیر اعلام النبلاء)

المعجم الاوسط میں اور المعجم الصغیر میں بعض رواۃ پر حکم بھی لگایا ہے لیکن المعجم الکبیر میں کسی راوی پر حکم نہیں لگایا۔

المعجم الکبیر میں تفرّد کا ذکر نہیں کیا جبکہ الصغیر اور الاوسط دونوں میں تفرد کا ذکر کیا ہے۔

تینوں معاجم میں کچھ باتیں مشترک ہیں مثلاً

ہر بات باسند پیش کی ہے جبکہ مرفوع، موقوف اور مقطوع تینوں طرح کی روایات بیان کی ہیں اور ان میں صحیح بھی ہیں اور ضعیف بھی۔

امام طبرانی کی دیگر کتب کا مختصر تعارف

مسند الشامیین: اس کتاب میں صرف ان صحابہ سے روایات بیان کی ہیں جو شام میں مقیم تھے اور شام کے بعض راویوں کے جرحِ تعدیل کے لحاظ سے حالات بھی باسند بیان ہوئے ہیں۔

مسند الشامیین سے محدثین نے رواۃ کے حالات بھی بیان کیے ہیں مثلا الإکمال از محمد حسنی میں کافی جگہوں پر مسند الشامیین کے حوالے سے جرح و تعدیل اور راویوں کے حالات بیان کئے گئے ہیں۔ مثلاً الاکمال:۱۰۸۵،۱۱۱۸

طرقِ حدیث من کذب علي: اس میں ۶۳ صحابہ سے ایک ہی روایت «من کذب علي متعمدًا» کو مختلف ۸۷ اسندوں کے ساتھ بیان کیا ہے۔

کتاب الاوائل: اس کتاب میں امام طبرانی رحمۃ اللہ علیہ نے ان احادیث کا ذکر کیا ہے جن میں ہر معاملہ میں اولین کا ذکر ہے۔ مثلاً اللہ تعالیٰ نے سب سے پہلے قلم پیدا کیا وغیرہ

الاحادیث الطوال: امام طبرانی رحمۃ اللہ علیہ نے اس کتاب میں ان ۶۲ احادیث کو جمع کیا ہے جو متن کے لحاظ سے مفصل اور لمبی ہیں۔

امام طبرانی کا راویوں پر جرح وتعدیل کے اعتبار سے حکم لگانا

امام طبرانی رحمۃ اللہ علیہ بسا اوقات اپنی کتب میں بعض راویوں پر حکم بھی لگاتے ہیں۔ اور اسے کبھی خود اور کبھی کسی معتبر محدث سے باسند نقل کرتے ہیں۔ مثلاً

ابراہیم بن ابی عبلہ ثقہ (مسند الشامیین:۷)

ثور بن یزید کلاعی ثقہ (مسند الشامیین:۵۰۰)

شعیب بن ابی حمزہ ثقہ ثبت (مسند الشامیین:۲۹۲۹)

داود بن ابی القصاف شیخ ثقہ (الاوسط ح:۳۵۰۴)

سیف بن عبید اللہ کان ثقہ (الاوسط ح:۱۶۹۳)

عبد اللہ بن عبد اللہ ہدادی ثقہ (الاوسط ح:۷۵۴۴)

عبد السلام بن ہاشم ما اعلم الا خیراً (الاوسط ح:۸۱۶۳)

[۱] تذکرۃ الحفاظ:۲/۱۲۶

[۲] تذکرۃ الحفاظ:۳/۱۲۶

[۳] ایضاً

[۴] تذکرۃ الحفاظ:۳/۱۲۷

[۵] تذکرۃ الحفاظ:۳/۱۲۶ تا ۱۳۰؛ لسان المیزان:۳/۷۳

[۶] سیر اعلام النبلاء: ج۱۶/ ص ۱۱۹

[۷] المعجم الصغیر: رقم الحدیث ۹۱۱

[۸] المعجم الصغیر:۵

[۹] المعجم الصغیر:۵

[۱۰] المعجم الصغیر:۹۹

[۱۱] المعجم الصغیر:۶۰۰

[۱۲] سیر اعلام النبلا: ج۱۶/ ص ۳

[۱۳] سیر اعلام النبلا: ج۱۶/ ص ۳

[۱۴] جزء فیہ ذکر الامام الطبرانی: ص ۲

[۱۵] جزء فیہ ذکر الامام الطبرانی: ص ۱

[۱۶] تذکرۃ الحفاظ:۳/۱۳۰؛ سیر اعلام النبلاء:۱۶/۱۱۹ تا ۱۳۰

[۱۷] تاریخ اصبہان: ص ۱۷۰

[۱۸]سورۃ المؤمن:۶۰

[۱۹]سورۃ البقرۃ:۱۸۶

[۲۰]المعجم الصغیر:ص۲۱۶

(۴) امام غزالیؒ شریعت کی عدالت میں

غازی عزیر

امام غزالی اور علمِ قرآن:

امام غزالی کو قرآن کریم سے کس قدر شغف رہا ہے، اس بات کی وضاحت کے لیے ذیل میں چند مثالیں پیش کی جا رہی ہیں۔

قرآن کریم میں ایک آیت ہے:

﴿لَعَلّی ءاتیکُم مِنها بِقَبَسٍ أَو أَجِدُ عَلَى النّارِ هُدًى ﴿١٠﴾﴾... سورة طه

'شائد میں اس سے کوئی چنگاری تمہارے لیے لاسکوں یا وہاں الاؤ پر کسی رہبر کو پا سکوں۔"

اس آیت کریمہ کی تفسیر امام غزالی نے اس طرح بیان فرمائی ہے:

"لَعَلَّكَ مِنْ سُرَادِقَاتِ الْعِزِّتُنَادٰی بِمَا نُودِیَ بِهِ مُوسیٰ اَنَا رَبُّكَ"(الاملاء المخلص الاحیاء ص۴۴ مطبع الجنة نشر الثقافة الاسلامیة)

یعنی "اے مخاطب (نبی صلی اللہ علیہ وسلم)! آپ کو عزت کے پردوں سے پکارا گیا جیسے کہ حضرت موسیٰ علیہ السلام کو اس سے پکارا گیا کہ میں تیرا رب ہوں۔"

قرآن کی ایک دوسری آیت ہے:

﴿وَما خَلَقتُ الجِنَّ وَالإِنسَ إِلّا لِيَعبُدونِ ﴿٥٦﴾﴾... سورة الذاریات

"اور میں نے انسانوں اور جنوں کو نہیں پیدا کیا مگر اس لیے کہ وہ (صرف) میری عبادت کریں۔" (تفسیر بمطابق انگریزی ترجمہ، معانی القرآن الکریم لابن کثیر ص ۵۲۲)

اس آیت کی تفسیر میں امام غزالی فرماتے ہیں:

"وَاَنَّا خَلَقْنَا الْقَلْبَ وَاَعْطَيْنٰهُ الْمُلْكَ وَالْعَسَاكِرَ وَجَعَلْنَا النَّفْسَ مَرْكَبَهُ حَتّٰى يُسَافِرَ عَلَيْهِ مِنْ عَالَمِ التُّرَابِ اِلٰى اَعْلٰى عِلِّيِّيْنِ" (الجواھر، الغزالی ص ۱۱)

یعنی "اور میں نے پیدا کیا قلب کو اور عطا کیا اسے ملک و عساکر اور نفس کو مرکب بنادیا حتیٰ کہ وہ سفر کرے اس پر عالمِ تراب سے اعلیٰ علیین تک۔"

استاذ محمود مہدی استانبولی کہتے ہیں:

"(امام) غزالی نے قرآن حکیم کی بعض ایسی تفاسیر بیان کی ہیں جو عبث، لغو، اپنے موضوع سے ہٹی ہوتی اور تحریف الکلام کے مترادف ہیں اس بناء پر اگر یہ کہا جائے کہ (امام) غزالی کو قرآن و حدیث سے معرفت نہ تھی تو بے جا نہ ہو گا۔" (ابن تیمیہ رحمۃ اللہ علیہ بطل الاصلاح الدینی لمحمود مہدی ص ۱۳۲، ۱۳۱)

اسی طرح امام غزالی نے تفسیر صفات اللہ تعالیٰ کی تاویل میں بیان کیا تھا کہ "الاستواء"، "استیلاء" پر مجاز ہے، "ہاتھ" "قدرت" پر اور "آنکھ" "بصارت' پر۔ استاذ محمد ابوزہرہ مصری نے بھی امام غزالی کی اس تفسیری تاویل کو سراہا اور اس کی تائید کی ہے۔ لیکن استاذ محمود مہدی استانبولی نے حقائق و دلائل کی روشنی میں استاذ محمد ابوزہرہ کی سخت گرفت کی ہے۔ امام غزالی کی صفات اللہ کی اس تاویل کے سلسلہ میں ابن تیمیہ رحمۃ اللہ علیہ نے نہایت حق بات فرمائی ہے جو اس طرح ہے:

"بلاشبہ قرآن کریم کی تمام آیات الصفات کی تاویل میں صحابہ رضی اللہ عنھم کے درمیان کوئی اختلاف نہ تھا۔ صحابہ رضی اللہ عنھم سے منقولہ بہت سی تفاسیر سامنے آئی

ہیں۔ جن میں احادیث سے روایت کی گئی ہے۔ ماشاءاللہ اس بارہ میں تمام چھوٹی و بڑی کتابیں متفق ہیں۔ ایک سو سے زیادہ تفاسیر موجود ہیں لیکن مجھے اس وقت تک کسی صحابی کے بارہ میں یہ معلوم نہیں ہو سکا کہ انہوں نے آیاتِ صفات احادیثِ صفات کی کوئی تاویل، اس کے مقتضیٰ اور مفہومِ معروف کے خلاف بیان کی ہو۔" (تفسیر سورۃ النور لامام ابن تیمیہ رحمۃ اللہ علیہ ص ۱۴۵ و (سوانح) ابن تیمیہ رحمۃ اللہ علیہ لاستاذ محمد ابوزہرہ مصری ص ۲۷۰)

حافظ ابن الجوزی نے امام غزالی کی ایک تفسیری رائے کے متعلق اپنی مشہور زمانہ تصنیف "تلبیس ابلیس" میں اس طرح لکھا ہے:

"اس میں لکھا ہے کہ وہ ستارہ اور سورج اور چاند جن کو حضرت ابراہیم علیہ السلام نے دیکھا، ان سے مراد انوار ہیں جو اللہ عزوجل کے حجاب ہیں۔ یہ مشہور چاند، سورج اور ستارے مراد نہیں۔ غزالی کا یہ کلام باطنیہ کے کلام کی قسم سے ہے۔" (تلبیس ابلیس، مصنفہ امام ابن الجوزی رحمۃ اللہ علیہ، ترجمہ مولانا عبدالحق ص ۲۵۵، مطبع فاروقی دہلی)

امام غزالی اور علمِ حدیث:

امام غزالی کو علمِ حدیث اور اس کے متعلقات کی بہت کم معرفت تھی۔ جس کا تھوڑا بہت اندازہ گزشتہ صفحات میں ہو چکا ہو گا۔ اس بات کی شہادت خود امام صاحب نے ان الفاظ میں دی ہے:

"بِضَاعَتِیْ فِی عِلْمِ الْحَدِیْثِ مُزْجَاۃٌ" (رسالۃ التاویل ۱۶)

یعنی "علمِ حدیث میں میری بضاعت بہت خلط ملط اور کم ہے۔"

اسی باعث آپ کی تصانیف میں، کثیر تعداد میں ضعیف اور موضوع روایات ملتی ہیں۔ بہت سے علمائے کبار نے امام غزالی کی اس کمی کی طرف اشارہ کیا ہے، مثلاً ابو بکر

الطرطوشی فرماتے ہیں:

"وہ جن کو رسول اللہ صلی اللہ علیہ وسلم پر جھوٹ باندھنے سے محبت ہے ہمیں اس بسیط و عریض سرزمین پر کسی ایسی کتاب کا علم نہیں ہے جو جھوٹ باندھنے میں ان (امام غزالی) سے بڑھ کر ہو۔" (مسیرۃ الغزالی ص ۷۵، طبع دار الفکر بدمشق)

امام غزالی چونکہ بقول مولانا ابوالحسن علی الندوی "حدیث کی طرف ایسی توجہ نہیں کر سکے تھے جیسی انہوں نے علومِ عقلیہ اور بعض علومِ نقلیہ کی طرف کی تھی، لہذا اس (آخری) زمانہ میں ان کو اپنی اس کمی کو پورا کرنے کا خیال ہوا۔ چنانچہ (اپنے زمانہ کے) ایک مشہور محدث حافظ عمر بن ابی الحسن الرواسی کو اپنے یہاں مہمان رکھ کر ان سے صحیح بخاری و صحیح مسلم کا درس لیا اور اس کی سند حاصل کی۔ یہ آخر زمانہ ان کا حدیث کے مطالعہ اور اشتغال میں گزرا۔" (تاریخ دعوت و عزیمت، مصنفہ ابوالحسن علی الندوی ج ۱ ص ۱۸۹ طبع لکھنؤ)

ابن عساکر کا قول ہے:

"وَكَانَتْ خَاتِمَةُ اَمْرِهِ اِقْبَالَهُ عَلٰى حَدِيْثِ الْمُصْطَفٰى صلى الله عليه وسلم وَمُجَالَسَةَ اَهْلِهِ وَمُطَالَعَةُ الصَّحِيْحَيْنِ لِلْبُخَارِيِّ وَمُسْلِمِ اَلَّذِيْنَ هُمَاحُجَّةُ الْاِسْلَامِ" (تبئین کذب المفتری ص ۲۹۶)

یعنی "ان کی زندگی کا آخری کام یہ تھا کہ وہ حدیثِ نبوی صلی اللہ علیہ وسلم کی طرف پوری طرح متوجہ ہوئے اور علماء حدیث کی ہم نشینی اختیار کی، صحیحین بخاری و مسلم کا مطالعہ شروع کیا جو اسلام میں سند کا درجہ رکھتی ہیں۔"

امام حافظ ابن تیمیہ رحمۃ اللہ علیہ نے بھی ایک مقام پر امام غزالی کے متعلق لکھا ہے کہ آخری زندگی میں علومِ فلسفیہ و کلامیہ سے اشتغال چھوڑ کر علمِ حدیث کی طرف متوجہ ہوئے۔

حافظ ابن تیمیہ رحمۃ اللہ علیہ کے الفاظ میں امام غزالی کے اس رجحان کا تذکرہ یوں منقول ہے:

"وَاٰخِرُ مَا اشْتَغَلَ بِهِ النَّظَرُ فِی صَحِیحِ الْبُخَارِیّ وَمَاتَ وَهُوَ مُشْتَغِلٌ بِذٰلِكَ"(ابن تیمیه بطل الاصلاح الدینی لمحمود مهدی ص ۲۵۲)

یعنی "آخری چیز جس کے ساتھ ان کا اشتغال تھا وہ صحیح بخاری میں نظر تھی اور (انہوں نے) وفات پائی جب وہ اس کے ساتھ مشتغل تھے۔"

امام غزالی اور تصوف:

امام غزالی تصوف کے بہت مداح اور حامیوں میں شمار کیے جاتے ہیں۔ آپ نے تصوف کا بغور مطالعہ کیا تھا اور اس سے متاثر ہوئے تھے۔ چنانچہ اپنے حالاتِ زندگی بیان کرتے ہوئے لکھتے ہیں:

"اب صرف تصوف باقی رہ گیا، میں ہمہ تن تصوف کی طرف متوجہ ہوا۔ تصوف علمی بھی ہے اور عملی بھی۔ میرے لیے علم کا معاملہ آسان تھا۔ میں نے ابوطالب مکی کی قوت القلب اور حارث محاسبی کی تصنیفات، اور حضرت جنید شبلی و بایزید بسطامی وغیرہ کے ملفوظات پڑھے اور علم کے راستے سے جو کچھ حاصل کیا جاسکتا تھا وہ میں نے حاصل کر لیا، لیکن مجھے معلوم ہوا کہ اصلی حقائق تک تعلیم کے ذریعے نہیں، بلکہ ذوق و حال اور حالات کی تبدیلی سے پہنچا جاسکتا ہے۔ جو علوم میرا سرمایہ تھے خواہ وہ شرعی ہوں یا عقلی، ان سے مجھے وجودِ باری اور معاد پر ایمان راسخ ہو چکا تھا۔ الخ"(المنقذ من الضلال للغزالی)

"(چنانچہ) بغداد سے میں شام آیا اور وہاں دو سال کے قریب رہا، وہاں میرا کام عزلت و خلوت اور مجاہدے کے سوا کچھ نہ تھا۔ میں نے علمِ تصوف سے جو کچھ حاصل کیا تھا اس کے مطابق نفس کے تزکیہ، اخلاق کی درستی و تہذیب اور ذکر اللہ کے لیے اپنے قلب

کو مصفا کرنے میں مشغول رہا۔ میں مدت تک دمشق کی جامع مسجد میں معتکف رہا۔ مسجد کے منارے پر چڑھ جاتا اور تمام دن دروازہ بند کیے وہیں بیٹھا رہتا۔ دمشق سے میں بیت المقدس آیا، وہاں بھی روزانہ صخرہ کے اندر چلا جاتا اور دروازہ بند کر لیتا۔۔۔ حج کرنے کے بعد اہل و عیال کی کشش اور بچوں کی دعاؤں نے مجھے وطن پہنچا دیا، حالانکہ میں وطن کے نام سے کوسوں بھاگتا تھا۔ وہاں بھی میں نے تنہائی کا اہتمام رکھا اور قلب کی صفائی سے غافل نہیں ہوا۔ الخ" (المنقد من الضلال للغزالی، مختصراً)

اسی خود نوشت میں آگے چل کر لکھتے ہیں:

"دس سال اسی حالت میں گزر گئے۔ ان تنہائیوں میں مجھے جو انکشافات ہوئے اور جو کچھ مجھے حاصل ہوا، اس کی تفصیل اور اس کا استقصاء تو ممکن نہیں لیکن ناظرین کے نفع کے لیے اتنا ضرور کہوں گا کہ مجھے یقینی طور پر معلوم ہو گیا کہ صوفیاء ہی اللہ کے راستے کے سالک ہیں، ان کی سیرت بہترین سیرت، ان کا طریق سب سے زیادہ مستقیم اور ان کے اخلاق سب سے زیادہ تربیت یافتہ اور صحیح ہیں۔ اگر عقلاء کی عقل، حکماء کی حکمت اور شریعت کے رمز شناسوں کا علم مل کر بھی ان کی سیرت و اخلاق سے بہتر لانا چاہے تو ممکن نہیں۔ ان کے تمام ظاہری و باطنی حرکات و سکنات مشکوۃِ نبوت سے ماخوذ ہیں۔ نورِ نبوت سے بڑھ کر رُوئے زمین پر کوئی نور نہیں جس سے روشنی حاصل کی جائے۔" (المنقذ من الضلال للغزالی)

ایک جگہ اپنی خلوت نشینی کے متعلق لکھتے ہیں:

"اس طرح میری گوشہ نشینی کی مدت گیارہ سال ہوتی ہے، الخ" (المنقذ من الضلال)

مولانا شبلی نعمانی بیان کرتے ہیں کہ:

"بغداد میں ان کو تحقیق حق کا شوق پیدا ہوا، تمام مذاہب کو چھانا، کسی سے تسلی نہیں ہوئی، آخر تصوف کی طرف رخ کیا۔ لیکن وہ قال کی چیز نہ تھی بلکہ سر تا پا حال کا کام تھا اور اس کا پہلا زینہ اصلاحِ باطن اور تزکیہ نفس تھا۔ امام صاحب کے مشاغل اس کیفیت کے بالکل سدِ راہ تھے، قبول عام و ناموری، جاہ و منزلت، مناظرات و مجادلات اور پھر تزکیہ نفس شتان بینہما

ایں رہ کہ می ردی تو بمنزل نمی رود

آخر سب کو چھوڑ چھاڑ کر ایک کملی پہن بغداد سے نکلے اور دشت پیمائی شروع کی۔ سخت مجاہدات و ریاضات کے بعد بزم راز تک رسائی پائی۔ یہاں ممکن تھا کہ اپنی حالت میں مست ہو کر تمام عالم سے بے خبر بن جاتے لیکن بیاد آر حریفاں بادہ پیمارا۔۔۔الخ" (الغزالی، مصنفہ مولانا شبلی نعمانی ص ۶۴، ۶۳)

مولانا سید ابوالحسن علی الندوی بتاتے ہیں:

"عمل کے سلسلہ میں اپنی ذہنی، علمی، اخلاقی اور روحانی ترقی و تکمیل کا انہوں نے کوئی گوشہ فروگزاشت نہیں کیا۔ علمی تبحر اور جامعیت و کمال کے ساتھ اپنے وقت کے ایک مخلص و مبصر شیخ طریقت شیخ ابو علی فارمدی (م ۴۷۷ھ) سے بیعت کی اور تصوف کی تعلیم حاصل کی، پھر اس راہ میں اپنا سب کچھ قربان کر کے اس کے مقاصد و غایات کو پہنچے اور اذواق صحیحہ سے لذت آشنا ہوئے۔" (تاریخ دعوت و عزیمت، مصنفہ مولانا ابوالحسن علی الندوی ج ۱ ص ۱۹۱ مطبوعہ لکھنؤ)

حاشیہ

ترجمہ از قصص القرآن، مصنفہ مولانا حفظ الرحمن سیوہاروی، ج ۱ ص ۳۹۲، طبع ندوۃ المصنفین دہلی، بار چہارم)

ابن تیمیہ بطل الاصلاح الدینی، مصنفہ استاذ محمود مہدی استانبولی ص ۱۳۳، مکتبہ دارالمعرفۃ بدمشق

ابن تیمیہ، مصنفہ استاذ محمد ابوزہرہ مصری، ص ۲۷۰، ۲۹۳، طبع مصر

ابن تیمیہ، بطل الاصلاح الدینی لمحمود مہدی استانبولی ص ۱۳، ۱۳۵

سورۃ الانعام، آیات ۷۶ تا ۷۸

استاذ محمود مہدی استانبولی نے امام ابن تیمیہ رحمۃ اللہ علیہ کے اس قول پر ایک حاشیہ لکھا ہے جس کا ترجمہ یہ ہے:

"امام غزالی نے اگرچہ اپنے آخری دور میں فلسفہ کے بدلہ سنت سے اشتغال کیا تھا۔ لیکن اپنی سابقہ صوفیانہ و فلسفیانہ آراء سے، جو یقیناً صحیح اسلام سے بعد اور کتاب و سنت سے عدم شغف کے باعث ان سے صادر ہو گئی تھیں، رجوع کا علی الاعلان اظہار نہیں کیا جیسا کہ ایک اشعری کے متعلق مشہور ہے کہ جب اس نے مذہب اشاعرہ سے توبہ کی تو مسجد کے منبر پر چڑھ کر اس طرح اعلان کیا: اے لوگو جو مجھے پہچانتا ہے اس نے مجھے پہچانا اور جو مجھے نہیں جانتا پس میں اشعری ہوں۔ مجھ پر حق ظاہر ہو چکا ہے لہذا میں اس سے اپنا تعلق توڑتا ہوں اور عقیدہ سلف کی طرف رجوع کرتا ہوں اور ان معتقداتِ باطلہ کے خلاف اعلانِ جنگ کرتا ہوں جو اس عقیدہ کے مخالف ہوں۔" (ابن تیمیہ بطل الاصلاح الدینی لاستاذ محمود مہدی ص ۲۵۲)

شائد اسی لیے امام شافعی رحمۃ اللہ علیہ یہ کہنے پر مجبور ہو گئے کہ "اگر کوئی آدمی چاشت کے وقت صوفی بنے، ظہر سے پہلے پہلے ضرور احمق ہو جائے گا" اور "جو شخص چالیس روز صوفیہ کے پاس رہے گا پھر کبھی اس کی عقل اس کے پاس نہیں آئے گی۔" (تلبیس ابلیس، مصنفہ حافظ ابن الجوزی ص ۴۹۶ مطبوعہ فاروقی دہلی)

ڈاکٹر غلام جیلانی برق لکھتے ہیں: "چونکہ امام ابن تیمیہ رحمۃ اللہ علیہ کے نزدیک رسول مقبول صلی اللہ علیہ وسلم اور آپ کے صحابہ کبار رضوان اللہ علیہم اجمعین کا راستہ ہی صحیح راستہ تھا۔ اس لیے آپ نے صوفیاء کے تمام گروہوں (بشمول امام غزالی) پر تنقید کی ہے۔"

(امام ابن تیمیہ، مصنفہ ڈاکٹر غلام جیلانی برق ص ۱۶۳ مطبوعہ اسلامک پبلشنگ ہاؤس لاہور ۱۰۷۹ء)

تصوف کی رد میں آپ کی جو تنقیدی کتب ملتی ہیں وہ یہ ہیں:

الحج العقلیہ فی الرد علی الجہمیہ والصوفیہ، رسالہ فی الذوق والوجد الذی یزکرہ الصوفیہ، قاعدہ فی الرد اہل الاتحاد، السبعینیہ، قاعدہ فی الشیوخ الحمدیہ، الفرق بین الخلوۃ الشرعیہ والبدعیہ، تحریم السماع، قاعدہ فی بیان طریقۃ القرآن، قاعدہ فی السیاحۃ العزلہ وفی الفقر والتصوف، قاعدہ فی تزکیہ النفوس، قاعدہ فی الزہد والورع، قاعدہ فی امراض القلوب وشفاء ہا، رسالہ فی علم الظاہر وعلم الباطن وغیرہ۔

***